「金利上昇」に勝てる経営

〝大競争〟を生き抜く工夫と心構え

小宮一慶
Kazuyoshi Komiya

ビジネス社

はじめに

■これから経営環境が大きく変わっていく

日本はすでに金利上昇時代に突入しています。

2025年1月に開催された金融政策決定会合で、日銀は政策金利の上限をそれまでの0・25%から0・5%への引き上げを決定しました。これに合わせて長期金利も急速に上がり始め、同年3月には一時1・5%を超えるまで上昇し、2009年11月以来の高い水準となりました。

また、日銀の田村直樹審議委員は、同年2月6日に開催した長野県松本市の講演で、「2025年度後半には、少なくとも1%程度まで短期金利を引き上げておくことが必要だ」と述べました。現在のインフレの状況やドル／円相場の動向を見ても、今後、日銀は高い確率で金利をさらに引き上げていくと思います。

しかし、特に今の若い経営者たちは、金利があった時代を知りません。日本ではバブル崩壊の余波が残る1999年から「ゼロ金利政策」が実施され、2024年3月にマイナス金利が解除されるまでの約25年間、超低金利時代が続いていたからです。

経営コンサルタントとしてさまざまな会社を見ていると、営業利益と経常利益の差を気にしない経営者、あるいは有利子負債の金利負担をさほど気にしない経営者が多く見られます。金利上昇局面に入りつつある今、そのような経営の仕方を続けていると、特に有利子負債を多く抱えている会社は経営危機に陥る恐れがあります。

そこで本書では、「金利がある」時代を生き抜くための経営手法について説明していきます。経営の本質はどの時代も変わりませんが、経営の「精度」をさらに高める必要があります。金利負担増加分だけ利益率を高めなければ、有利子負債の多い企業は生き残れないからです。

有利子負債の多い企業だけではありません。有利子負債の多い企業が利益率を高めるために多くの施策を行えば、財務内容のいい会社も対抗上、経営をより精緻化する必要が生じることとなります。

■強い会社をつくる経営の鍵は「環境」「目的」「強み」

金利がある時代を生き残っていくためには、利益率を向上させ、財務内容を改善し、今よりも「強い会社」を目指すことが必要不可欠です。

では、強い会社をつくるには、何が必要なのでしょうか。

結論から述べますと、貸借対照表や損益計算書などの財務内容を見直すことが急務です（金利上昇時の会計・財務の注意点は第2章で詳しく説明します）。

そして、強い会社をつくるには、本質的には、ピーター・ドラッカー先生がおっしゃるように、「マーケティング」と「イノベーション」をさらに深めることです。そのためには、「環境」「目的」「強み」の3つを徹底的に分析し、それを戦略に落とし込むことです。

環境とは、マクロ経済、お客さま、ライバル会社などの動向を含む「外部環境」と、自社の資源（ヒト、モノ、カネなど）や強み、弱みなどにあたる「内部環境」です。これらの両方を分析することが、利益率を高めるために今まで以上に大切になってきます。

目的とは、これら3つのポイントのなかでも最も大切な要素で、「何のために会社を経営しているか」という存在意義です。経営者にとっては「志」です。これを明確にすることが、経営を行ううえでの基盤になります。

目的を明確にし、外部環境と内部環境から自社の強みや弱みを見極めて戦略を打ち出し、実践しながら改善を繰り返すことが経営の「原理原則」です。これは金利の動向とは関係なく常に必要なことですが、金利のある時代では、今まで以上に精度の高い経営が求められるようになります。

なぜならば、従来よりも金利が上昇した分、利益を得なければ会社が成り立たなくなるからです。

では、お客さまに選んでいただく会社になるためには、何が必要なのでしょうか。

ここからは「マーケティング」の領域になりますが、お客さまが会社を選ぶ際に見ているのは、「Q＝クオリティ」「P＝プライス」「S＝サービス」の組み合わせです。詳しくは第3章の「顧客が求める『価値』をつくりだせるか――QPS」にて説明しますが、お客さまは常に自分にとって最もメリットのあるQPSを選んでいます。ここを正確に分析し、今まで以上にお客さまにアピールすることが大切になってくるのです。

このように競争環境が変わっていきますから、有利子負債を多く抱える会社のみならず、有利子負債をそれほど多く抱えていない会社もQPSの組み合わせを柔軟に変えていかなければなりません。すると、日本全体で業種を問わず、競争が激しくなっていくことが予想されます。

ただ、やはり特に注意が必要なのは有利子負債を多く抱える会社です。当然のことながら、金利が上昇すれば金利負担が増えますので、有利子負債が少ない会社よりも投資を抑えざるを得なくなりますし、優秀な人材を獲得することもより難しくなります。

すると、競争が激しくなった時、有利子負債の多い会社が淘汰されていく可能性が高まるのです。その際には、M＆A（企業の合併や買収）で身売りするケースも増えるでしょう。

しかし、視点を変えると、この時代を乗り越えた会社はより強い会社になっていくことは間違いありません。

日本は長い間、供給過剰に陥っています。世界最高水準の商品やサービスを提供していても、諸外国と比べると驚くほど価格が安い。だからこそ、海外から多くの観光客がやって来るのでしょうが、その状況も企業が淘汰されていくなかで変わっていく可能性があります。

そういった現象があらゆる業界で起こることで、強い企業が生き残り、その結果、日本経済の足腰が強くなっていく可能性もあるのです。

つまり、金利上昇は個別企業、特に有利子負債を多く抱える会社から見ると好ましいことではありませんが、日本全体から見ると、「失われた30年」の余韻に悩まされる日本経済が強くなるラストチャンスとも言えるのです。

■このままでは「じり貧」の日本

日本は今、少子高齢化が急速に進み、人口も減少しています。2024年の出生数は72万988人、9年連続で減少し、過去最少となりました。一方で死亡数は161万8684人ですから、日本人の減少幅は89万7696人と過去最多を記録しました。これは、和歌山県の人口とほぼ同じ規模の数が1年で減ったことになります。

さらには、高齢化の進展で社会保障費が膨らむ中、日本の対名目国内総生産比の財政赤字は257%（2022年時点）と先進国中最悪の状況です。このまま何の対策も打たなければ、日本は間違いなくじり貧になっていくでしょう。

私は先にも触れたように、金利上昇は金融正常化につながり、日本を再活性化するラストチャンスだと捉えています。ここで金利上昇に勝てる経営をして生き残ることができれば、高収益の企業となり、国際標準でも戦っていける会社になり得ると考えています。その方法は本書で詳しく説明しています。

本書では、金利上昇時代を生き残るための経営手法について詳しく述べていきます。

第1章「金利は上がる！――経営環境はどう変わるか」では、インフレや金利の動向と、その先に考えられる未来についてマクロやミクロの視点から詳しく説明します。

第2章「金利上昇・インフレ時代に注意すべき経営指標」では、金利上昇時代に向けて、注意しなければならない会計・財務上の経営指標をピックアップしていきます。そのうえで、経営者がどのようなことに気を付けなければならないかについて具体的に説明します。

第3章「利益率を高めるための経営戦略」では、差別化に必要なマーケティングとイノベーションの説明のほか、お客さまが求めるQPSの分析、マーケティングの5つのPについての分析などについて詳しく述べていきます。

第4章「変化を読む経営と原理原則」では、厳しい競争環境を生き残るための心構えや工夫について、事例を用いながら説明します。

時々、私は講演会で、ケンタッキー・フライドチキンの創業者カーネル・サンダースの言葉について話すことがあります。

「できることはすべてやれ。やるなら最善を尽くせ」

カーネル・サンダースはフライドチキン事業を65歳で始め、1000軒の店に「フランチャイズにならないか」と勧誘して回りましたが、すべて断られました。しかし現在では、ケンタッキー・フライドチキンは世界145カ国以上の国と地域で2万4000店舗以上に拡大し、知らない人がいないほどの大企業となりました。

先にも述べたように、「金利のある時代」の経営を知らない経営者たちは、これから厳しい局面を迎える可能性があります。競争がますます激しくなるなかで、財務諸表に注意を払いながら、お客さまの求めるQPSを見極め、他者との差別化を図らなければ、生き残りが難しくなるでしょう。

だからこそ、できることはすべてやり、やるなら最善を尽くすことが大切になります。カーネル・サンダースは1000軒に断られても諦めず、最善を尽くしたからこそ、今やケンタッキー・フライドチキンは世界を席巻する大企業に成長したのです。

厳しい時代だからこそ、生き残りのためにあらゆる努力を重ねることが大切です。本書が、皆さまにとって金利上昇時代を勝ち抜く会社づくりの一助になれば幸いです。

なお、本書作成にあたり、ビジネス社の中澤直樹氏、森脇早絵さんにはとてもお世話になりました。彼らなしにはここまで仕上がらなかったと思います。この場を借りて心よりお礼申し上げます。

小宮一慶

「金利上昇」に勝てる経営　目次

第2章 金利上昇・インフレ時代に注意すべき経営指標

第3章 利益率を高めるための経営戦略

第4章 変化を読む経営と原理原則

第1章

金利は上がる！——経営環境はどう変わるか

この章では金利上昇について、その要因とどこまで金利が上がるかについて説明します。金利上昇の大きな要因はインフレと円相場です。少し丁寧にマクロ経済の状況を分析したうえで今後の金利動向を見ていきます。

石破茂首相は「デフレ脱却」を掲げているが……

２０２４年10月４日、新首相となった石破茂氏は所信表明演説で「デフレからの脱却を最優先で実現する」と表明しました。しかし、この発言には大きな違和感を覚えた人が多いのではないでしょうか。

昨今、食品、ガソリン、電気料金、不動産等、あらゆるモノの値上げが続いており、国民が望んでいるのは「デフレ脱却」ではなく、「インフレの抑制」だからです。

実際のところ、日本の物価はどのように推移しているのでしょうか。日本のインフレ率とされる、「消費者物価指数（生鮮除く総合）」の上昇率を見ますと、２０２３年１月には前年比４・２％まで上昇し、ピークを迎えました。

その後はじわじわと下降しつつあるものの、それほど落ちることはなく、２０２４年後

図表1-1　消費者物価指数(対前年比)の推移

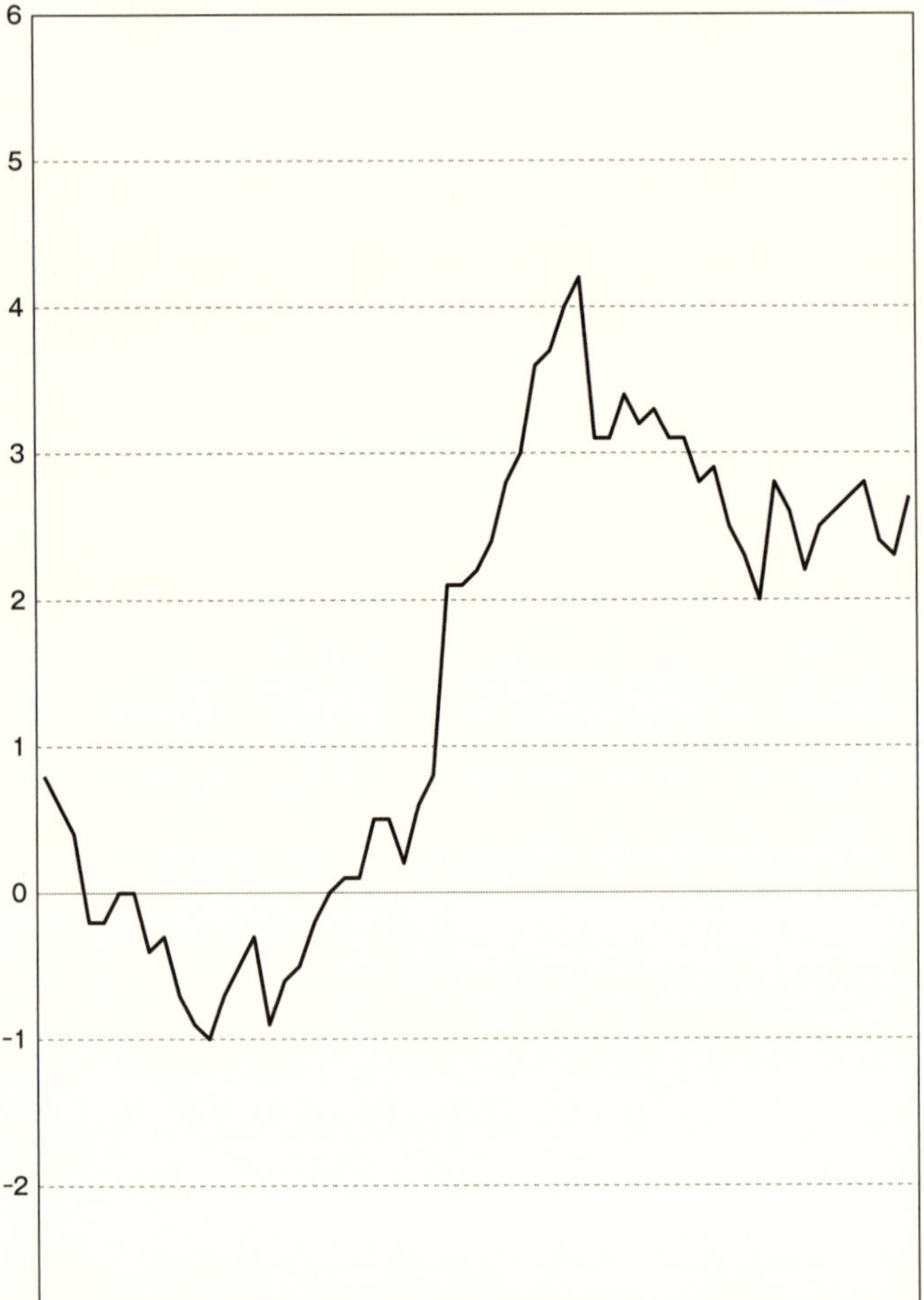

出所：総務省

半には2％台半ばを維持しています。12月にはとうとう3％に逆戻りしました。そして2025年1月には3・2％の上昇です。しかも、これは電気代やガス代、ガソリン代の補助金が出ているなかでの数字ですから、実際のインフレ率はもっと上昇しているはずです。

これとあわせて、企業間の取引に関する価格の動向も見てみましょう。金融、運輸、通信、不動産、広告、コンサルティングなどの第3次産業が企業向けに提供するサービスの価格水準を示す「企業向けサービス価格指数」は、2022年には前年比1％台で推移していたものの、2025年初めには3％程度まで上昇しています。

さらには国内の企業間で取引されているモノの価格水準を示す「国内企業物価指数」も2023年からじわじわと上がり始め、2025年1月には前年比4・2％まで上昇。人手不足によって、企業規模や業種を問わず賃上げの動きが出てきたからです。

日本は少子高齢化が急速に進んでおり、人手不足は今後も深刻化していく見込みですから、企業向けサービス価格指数、国内企業物価指数の上昇トレンドがしばらく続くことは間違いありません。

もう一つ、さまざまな種類の輸入品の平均価格の動向を示す「輸入物価指数」にも注目

図表1-2　企業向けサービス価格指数(対前年比)の推移

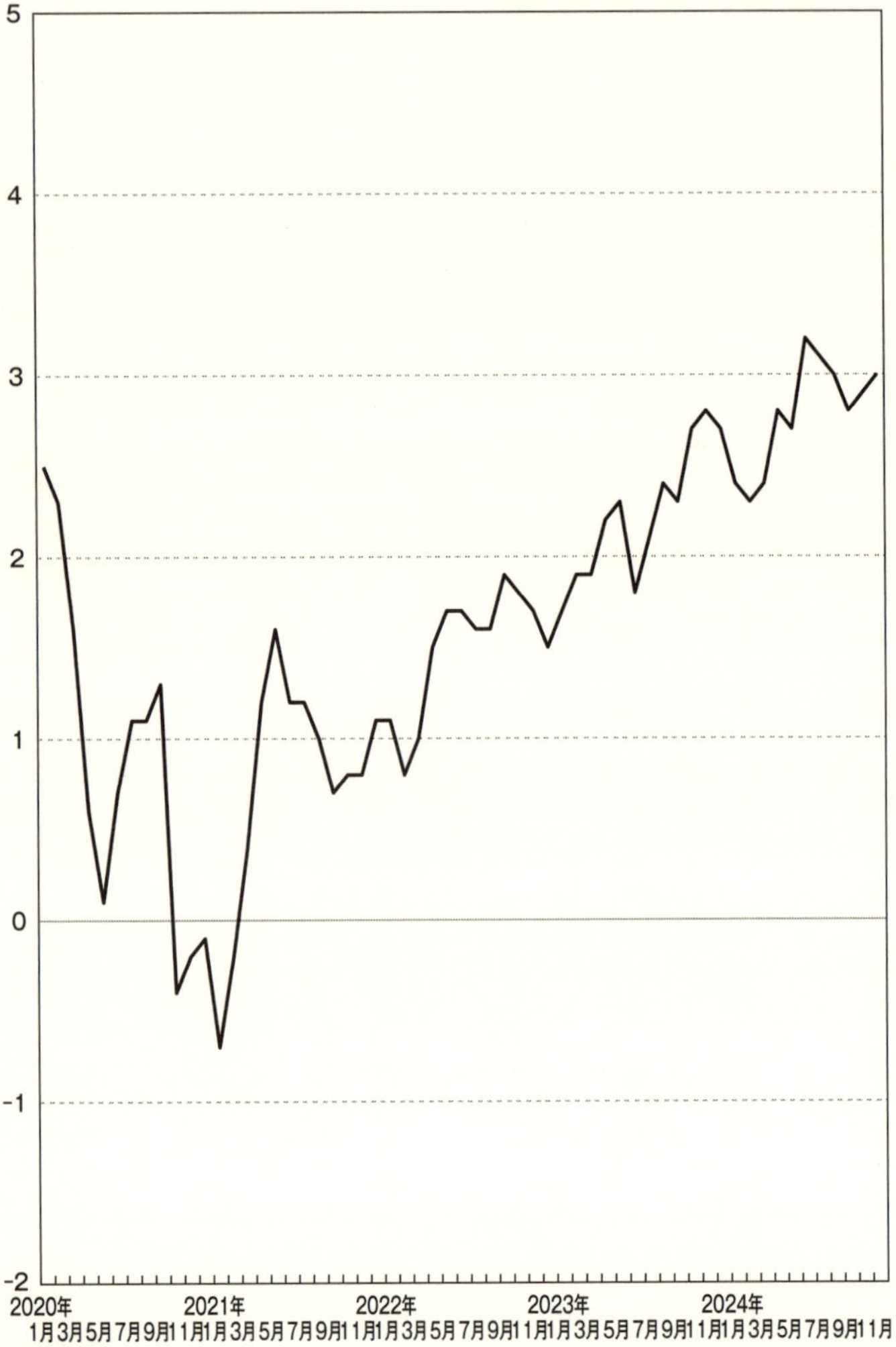

出所：日本銀行

図表1-3　国内企業物価指数（対前年比）の推移

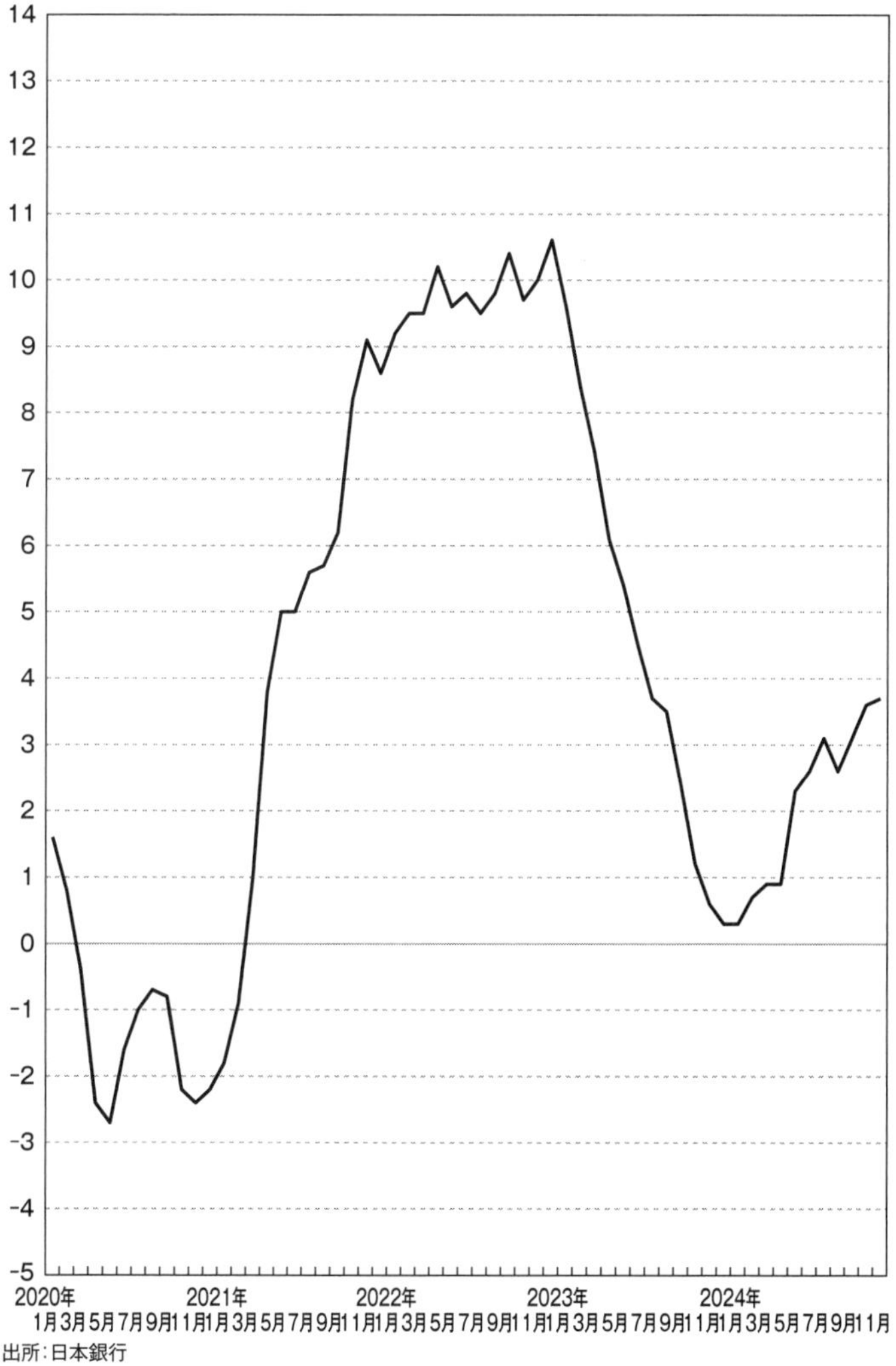

出所：日本銀行

図表1-4　輸入物価指数(対前年比)の推移

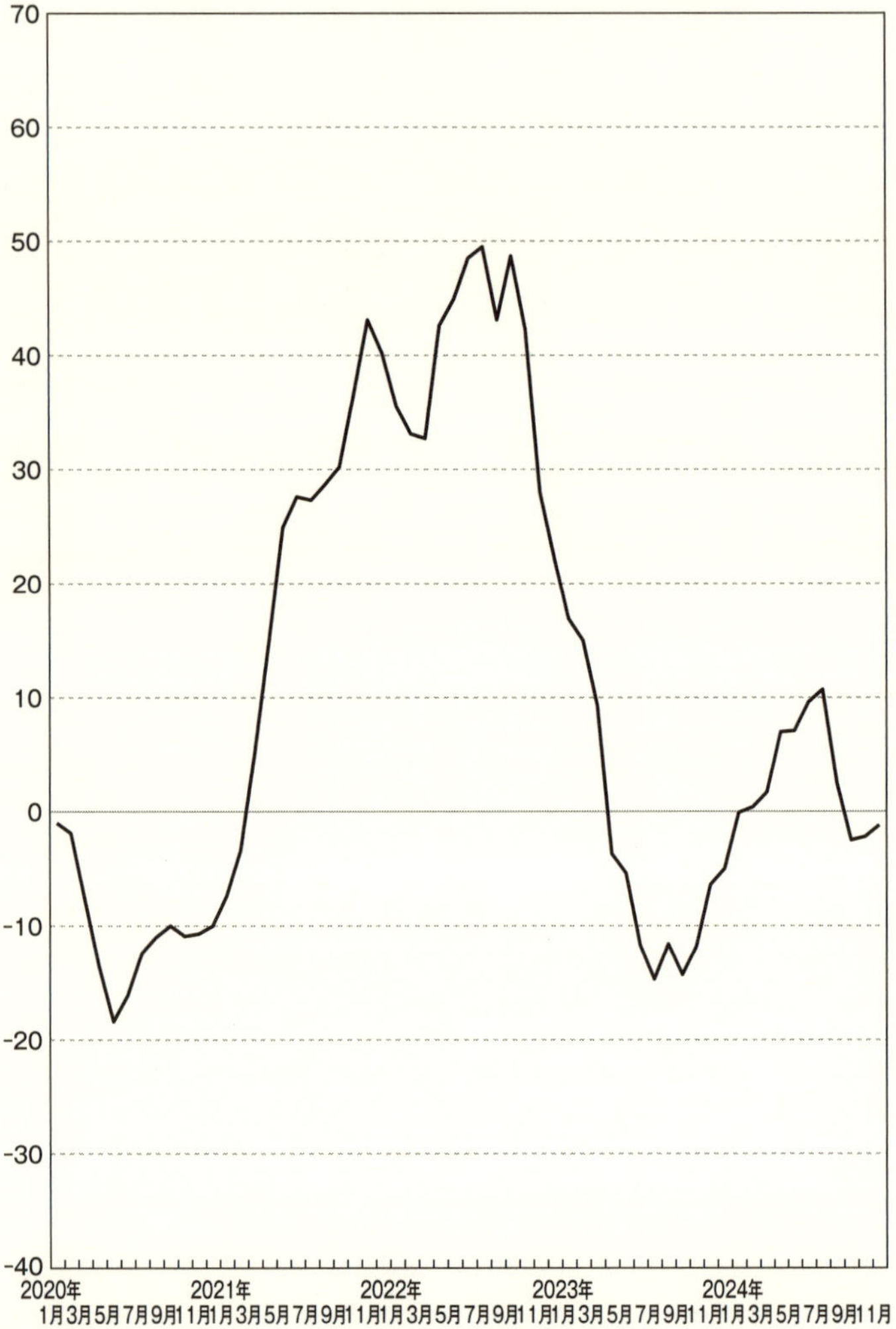

出所：日本銀行

です。日本は資源輸入国ですから、エネルギーや鉄鉱石、ベースメタル（産業用の非鉄金属）の価格が上がると、輸入物価指数も上昇し、それがインフレ圧力になることがあります。

輸入物価のグラフ（図表1-4参照）を見ますと、大きく変動している様子が分かります。コロナ禍に突入した2020年は大幅に落ち込み、20年5月は前年比マイナス18・4％まで下がりました。ところが21年に入ると、世界経済の回復にともなって需要が伸び、資源価格が高騰。同年11月には43・1％まで上昇しています。

日本で値上げラッシュが話題になり始めた22年に入ると、ウクライナで戦争が始まったことも相まって輸入物価はさらに上昇し、7月には前年比49・2％。23年になると原油価格が落ち着いてきたことから下落に転じますが、24年に入ると再び微増しています。

輸入物価指数、国内企業物価指数、そして企業向けサービス価格が上がり、それらにあわせて消費者物価指数が上昇しているわけですから、これは明らかにコストプッシュ型のインフレだと言えます。そしてこれはしばらく続きそうです。

続いて、日本のインフレ率を主要先進国と比較してみます。米国は2022年6月に前年比9・1％まで上昇し、ピークアウトしながらも2024年後半には2％台半ばで推

図表1-5　世界各国のインフレ率

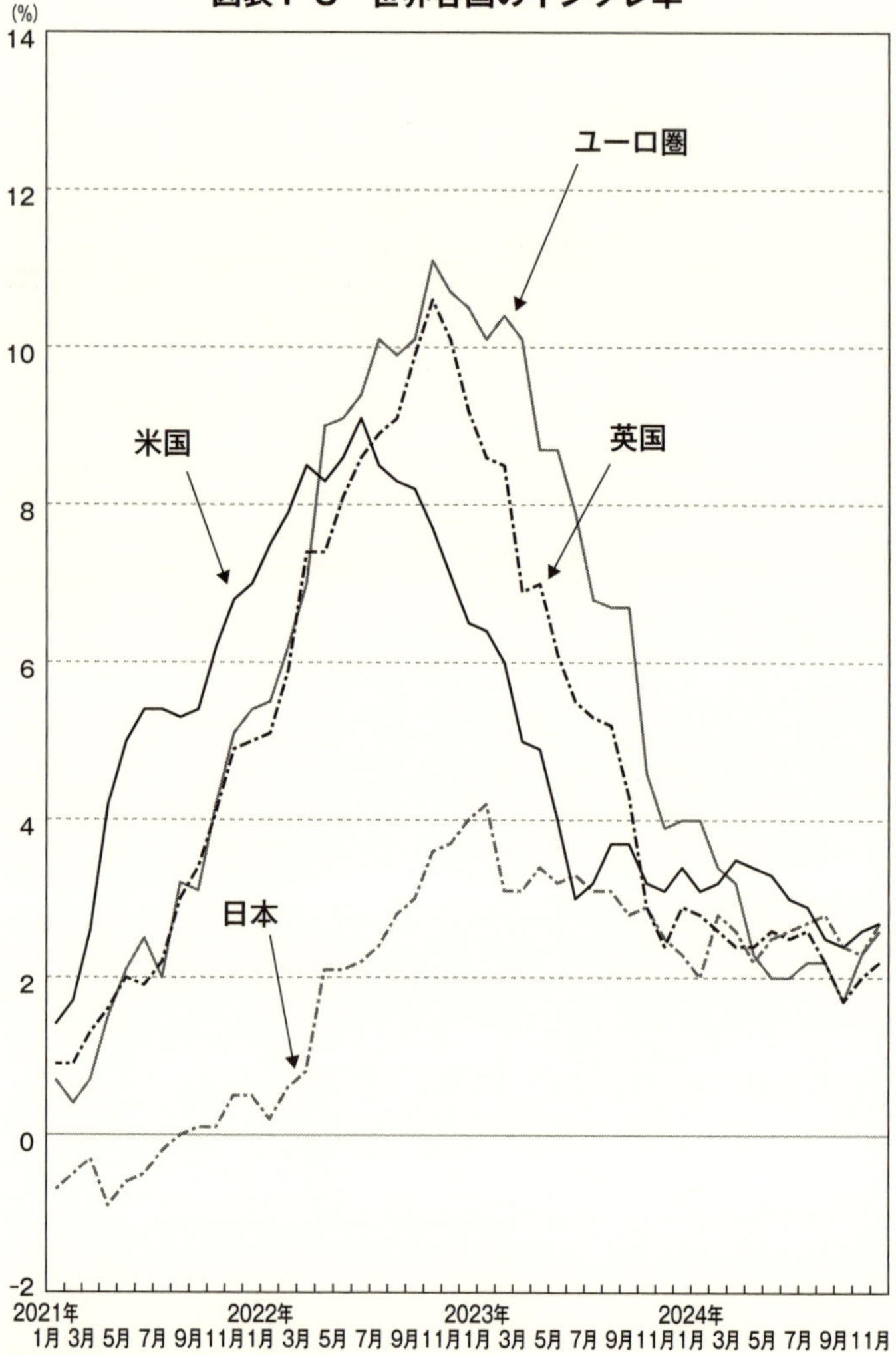

出所：総務省、米労働省、ユーロスタット、他

移、3％台に戻す勢いです。ユーロ圏でも2022年10月に前年比10・6％とピークを迎え、2024年後半には2％台半ばとなっています。

英国もほぼ同じように動き、2024年後半には2・0％。つまり、日本のインフレ率は主要先進国のなかでもこのところは比較的高めに推移しており、こちらの見方でもデフレとは言えない状況が続いているのです。

では今後、日本のインフレ率はどのように動いていくのでしょうか。これは当然、日銀の金融政策に大きな影響を及ぼします。つまり金利を上げるかどうかの判断に影響するわけです。

まず、輸入物価に大きな影響を与える原油価格は、この先、下落する可能性があると私は見ています。

というのは、米国のトランプ大統領が「資源を掘って掘って掘りまくれ」と強調するほど、天然ガス（LNG）や石油の生産量を増やそうとしているからです。また、ウクライナ情勢が落ち着き停戦となれば、ロシア産の原油や天然ガスが市場に出回る可能性もあります。もちろんこれは日本にとっても物価下落要因になります。

ただ、それ以上に日本国内の人手不足がますます深刻化していきます。

その根拠は、名目国内総生産（名目ＧＤＰ）に表れています。名目ＧＤＰが、コロナ前の約５５５兆円から、２０２４年には約６１０兆円まで大幅に伸びているのです。

名目ＧＤＰとは、企業などが国内で作り出すモノやサービスの付加価値の合計です。国内各社の付加価値の合計は、最終製品などの売上高に一致します。つまり、コロナ前と比べて日本全体の売上高が1割程度伸びているわけですから、その分、製造、運送、サービスなどで人手不足が起こります。当然のことながら賃金は上昇し、インフレを加速させるのです。

さらには今、円安が進んでいます。ドル／円相場は、前回のトランプ政権時（２０１７年～２０２１年）は1ドル＝１１０円程度で、コロナ期初期には一時１１０円を切る水準で推移していましたが、ウクライナで戦争が始まり世界的にインフレ懸念が出た２０２２年には急速に円安が進み、月平均で10月には1ドル＝１４７円。そして24年7月には1ドル＝１５８円を付けました。円安は輸入物価を押し上げる要因になりますから、インフレを助長します。

もう一つ、無視できないのは訪日外国人です。２０２４年は訪日外国人の数が過去最高となる３８８７万人となり、コロナ前の２０１９年の３１８８万人を大きく抜きました。

こちらも需要を高めるとともに人手不足に拍車をかけますから、モノの値段を押し上げる可能性があります。

以上の要因が重なることから、原油価格が多少下落したとしても、2025年以降もインフレ率が大きく落ちることはないでしょう。具体的には前年比2％を切ることはなかなか難しいのではないかと見ています。

金利を躊躇なく引き上げた米国、欧州

新型コロナウイルスの感染拡大から1年が経過したころ、欧米では日本より激しいインフレが到来していました。先にも述べたように、米国の2022年6月のインフレ率は9・1％まで上昇。これは明らかに米国では異常に高いインフレ率と言えます。

米国経済は2020年前半にコロナの感染拡大による景気の大減速を迎えてから、少しずつ回復に向かい始めました。ところが同年末にコロナのワクチン接種を開始するまでは、多くの国民が買い物や旅行、ビジネス活動を延期せざるを得ませんでした。そして本格的にワクチン接種が始まると、人々はいっせいに外出して活動を始め、モノやサービス

の需要が急拡大しました。

　さらに、当時のバイデン政権は国内が恐慌に陥るのを恐れ、2021年2月に追加で1兆9000億ドル規模の経済対策を表明しました。人々の購買力を高めるために、1人あたり1400ドルの現金給付を打ち出したのです。中央銀行である米連邦準備制度理事会（FRB）も政策金利をゼロ近辺にまで引き下げたうえ、量的緩和政策も行うことで経済を活性化させようとしました。

　ところが、ここで問題が起こります。需要が高まる一方で、供給はそれに追いつかない状況に陥ったのです。コロナの影響も残るなかで人手不足によって、製造、運送、倉庫などがフル稼働できず、サプライチェーンが分断されました。こうして米国内では生産や出荷が遅れ、店舗ではあらゆる商品の品薄が続きました。

　もちろん、モノの販売だけではなく、サービス産業も人手不足の影響を受けました。こうして需要が供給を大きく上回り、インフレ率は一気に上昇していったのです。

　このような状況に対し、FRBはどのような金融政策を打ち出したのでしょうか。FRBが誘導する政策金利にほぼ連動して動く「TB3カ月（3カ月物の財務省証券、米国の短期金利の代表格）」を見ると、2021年はほぼゼロの水準が続いています。米国の政策金

図表1-6　TB3カ月の推移

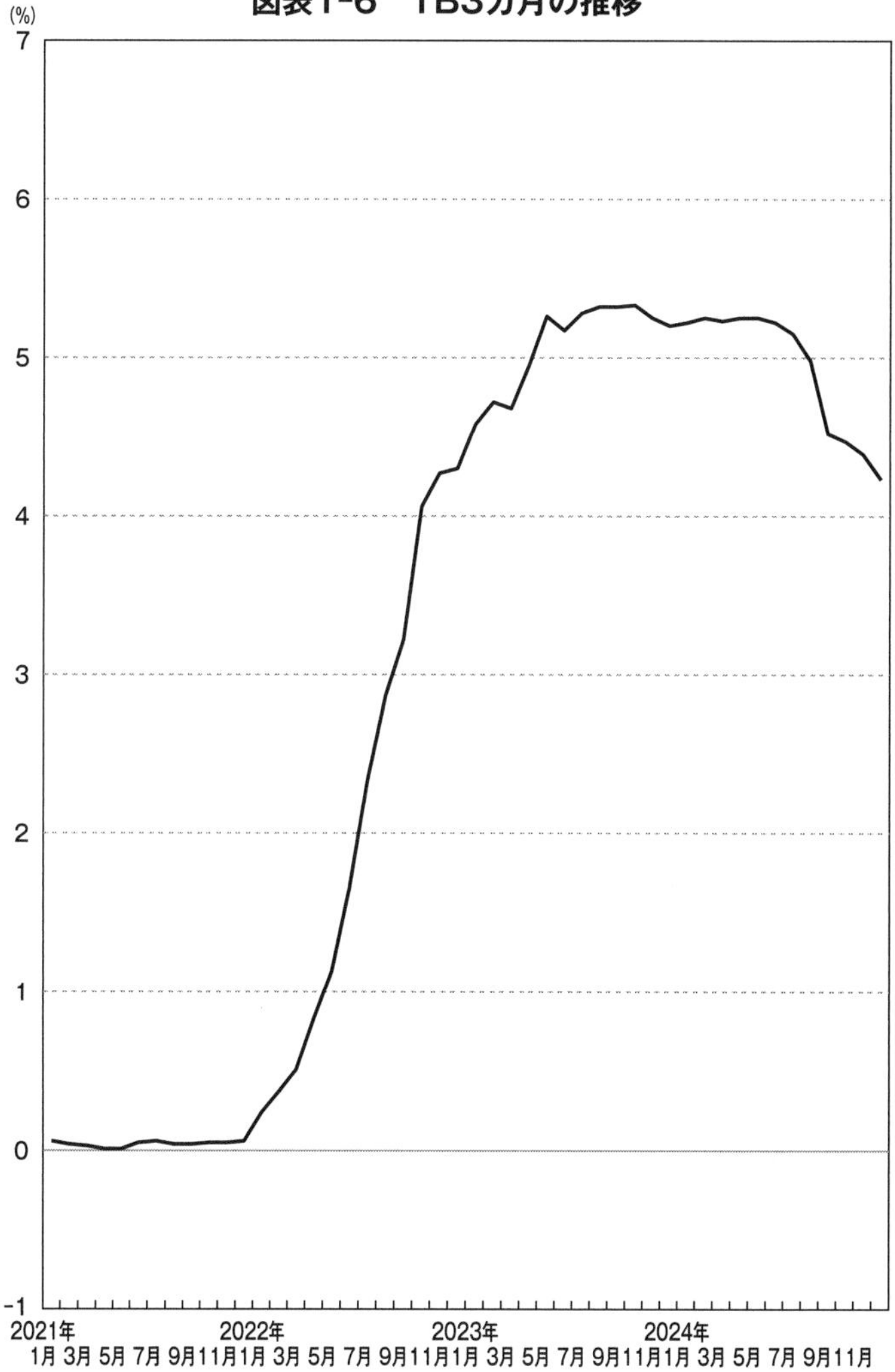

出所：米財務省

利は1日だけ銀行間でお金を貸し借りする金利（フェッドファンド金利オーバーナイト）ですが、TB3ヵ月はほぼそれに連動して動くのです。

つまり、FRBはインフレが起こり始めても利上げをしませんでした。パウエルFRB議長は「このインフレは一過性のものである」と考えていたのです。

これは見誤りでした。その予想に反し、インフレ率は2021年後半から急速に上がり始めます。5%台を突破し、12月には7・0%まで上昇しました。さらに22年2月には、ロシアがウクライナへの侵攻を開始。欧米諸国を中心にロシアに対する制裁が始まり、エネルギー価格が急上昇しました。

世界中で起こった供給不足による物価高騰、人手不足による賃金上昇などが重なり、ますますインフレが進んでしまったのです。こうして22年6月、米国のインフレ率は9・1%のピークを迎えます。

FRBは「インフレ率の見通しを誤った」と気付き、22年3月から政策金利を引き上げ始めました。なんと、6月から11月までの金融政策決定会合（FOMC）で、4回連続で0・75%ずつという大幅な利上げに踏み切ったのです。

それに連動して短期金利（TB3カ月）は5月に1%台だったのが、7月に2%台に、

9月には3％台とかなり速いペースで上がっていきました。そして23年5月には5％台まで上昇。このように米国では利上げのタイミングこそ遅れたものの、インフレが加速していると判断した段階で躊躇なく大幅な利上げを実施したのです。

その後、インフレ率は2023年から緩やかに下降し、年後半には3％台前半まで落ちました。同時に短期金利も10月の5・33％でピークアウト。24年11月には、インフレ率は2・7％、短期金利は4％台前半まで下がりました。

欧州でもほぼ同じ動きを見せていました。ユーロ圏のインフレ率が2022年10月に10・6％のピークを迎えたあたりから、欧州中央銀行（ECB）は政策金利を引き上げ始めます。ユーロ金利（3カ月物）は年前半にはマイナス金利が続いていましたが、利上げに伴って上昇に転じ、22年12月には1％台に、23年12月には4％程度にまで急速に上がっていきました。

その後、ECBの金融政策が奏功してインフレ率は2％台まで下落、23年12月に2・9％、24年10月には2・0％まで低下しました。ユーロ金利も25年初めには3％を切る水準まで下がりました。

このように、欧州も米国と同様、インフレが加速し始めた段階で政策金利を一気に引き

図表1-7　ユーロ金利の推移

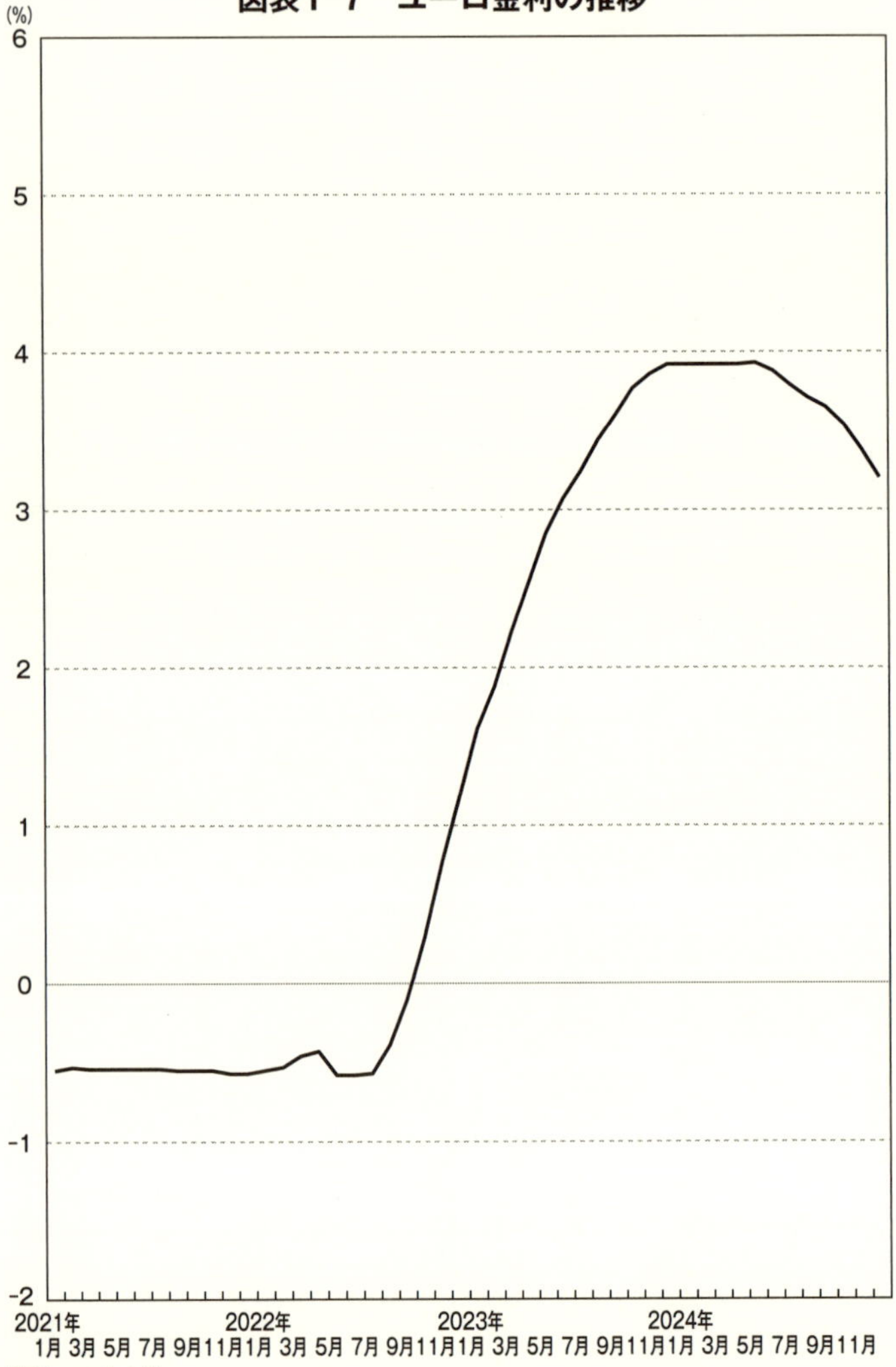

出所：eurostat、他

上げ、今ではそれを引き下げています。ただ、現時点でも短期金利はインフレ率を超える水準を維持しています。

一方、日本の金融政策はどのようなものだったのでしょうか。

先にも触れたように、日本のインフレ率は2023年初めの4・2%をピークに下降しつつあるものの、24年後半でも2%台半ばで推移しました。そして、2025年1月には3・2%まで逆戻りしました。しかも、ガソリン代等の補助金が出ている状態での数字ですから、実質的にはもっと高い数字になっているはずです。

そして、ここでいう「インフレ率」は一般的に使われる「生鮮除く総合」指数ですから、生鮮品などを加味する生活実感ではさらに高くなっているのです。

日銀は2024年3月にマイナス金利政策を解除し、7月に政策金利を0・25%に、2025年1月には0・5%に引き上げました。日本の政策金利は無担保コールレート翌日物で、米国同様、1日だけ銀行間で貸し借りする金利です。この金利市場に日銀は毎日介入することで、短期金利を誘導しているのです。つまり、日銀は利上げをしたと言っても、インフレ率3%台を大幅に下回る水準なのです。

正直なところ、日銀は対応が遅すぎました。欧米と比べると、対応が周回遅れになって

図表1-8　無担保コールレート翌日物金利の推移

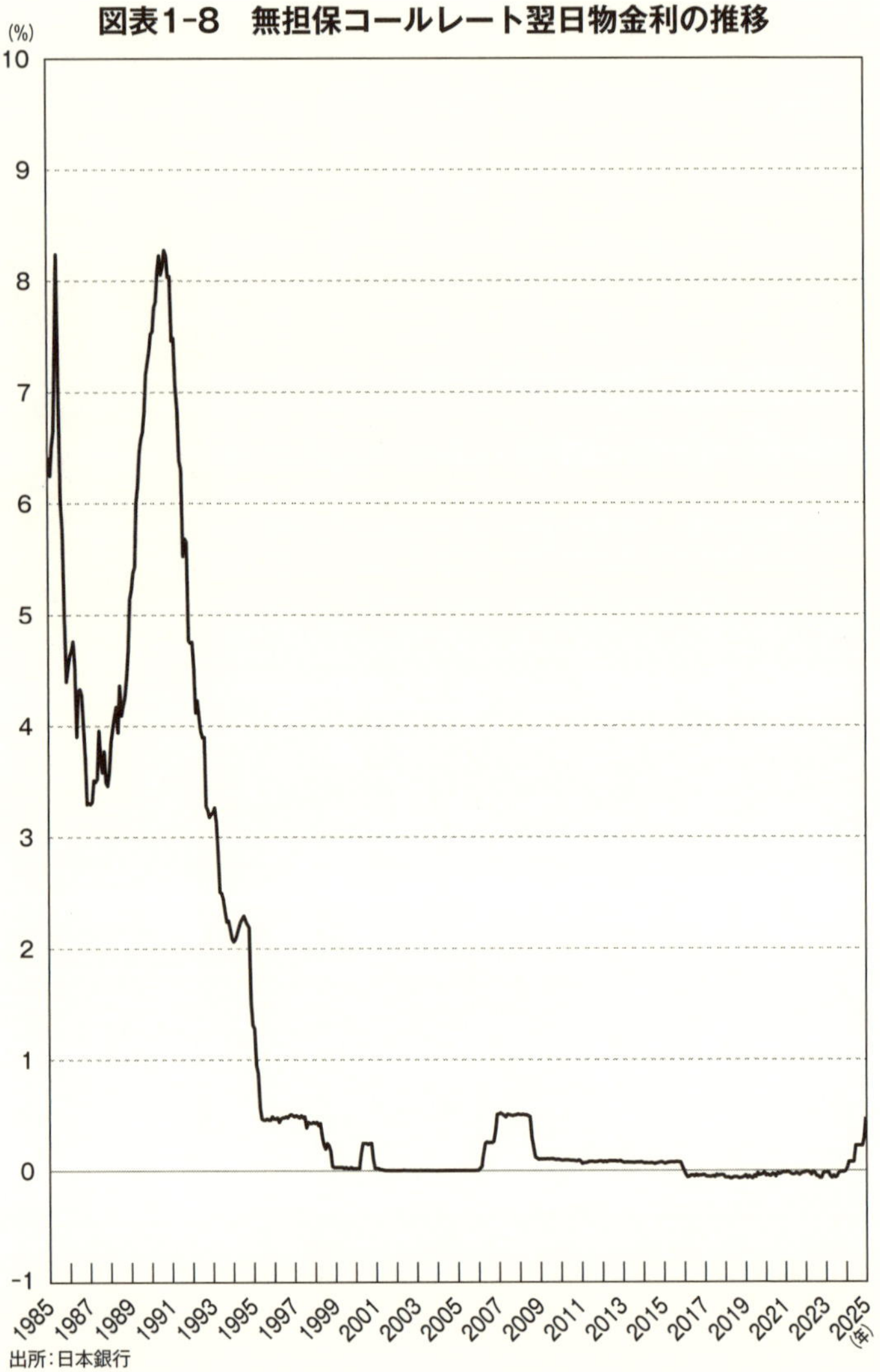

出所：日本銀行

いると言っても過言ではありません。

日本は2013年にアベノミクスを打ち出し、長い間、異次元の金融緩和策を続けてきましたから、「長い間極めて低い金利に慣れた企業などにとって、急に（政策）金利を引き上げると、国内の経済が大混乱する」という意見もあります。さらには、政治家は「景気が悪化するのを避けるために金利を上げたくない」と考えており、日銀もその思惑に配慮しているところもあるでしょう。

こういったさまざまな理由から、日本の政策金利は引き上げが遅れましたが、先にも述べたように、ようやく2024年3月に政策金利のマイナスから脱し、7月に0・25％、25年1月に0・50％という水準にまで政策金利を上昇させました。

先ほど見たように、欧米ではすでに金利を下げ始めています。日本だけが、「今から引き上げようか」という話をしているのです。周回遅れどころか、2周ぐらい遅れていると言えるでしょう。

ここまで見たように、インフレがなかなか収まりにくい状況にあります。また、米国の景気が比較的順調なこともあり、米金利が下がりにくい状況で日米金利差が未だに大きく、それによりドル＝円レートが比較的円安気味であることも考えれば、日銀はこの先、政策金利をさらに上げることが適切と判断していると考えられます。

インフレや人手不足の問題もあり、大企業中心に賃上げもある程度順調に進む見通しです。こちらも日銀の政策金利上げを後押しします。

後に詳しく述べますが、日本経済が再生するかどうかのカギをこの先の利上げが握っていると私は考えています。利上げにより金融が正常化することが、企業の淘汰を促すなどして、ここ30年以上停滞を続けている日本経済の活性化につながると考えられるのです。

日本の金融システムが実際に正常化に向かい経済活性化に進むのかどうか。まさに今、日銀の舵取りにこの国の命運が懸かっているのです。もちろん多くの企業の将来にも大きく関わることです。

このままでは毎年25兆円、日本国民は損をする

日銀が利上げをすべき理由はもう一つあります。それは、インフレによる国民の財産の毀損です。

どういうことでしょうか。現状、インフレ率は3％を超えています。仮に3％だとする

と、1万円のものが1年後には1万300円になります。逆に言えば、今の1万円の価値が1年後には3％分落ちるということです。

現状約2200兆円の個人金融資産のうち、約半分の1100兆円が現預金です。現金もありますので、約1000兆円が預貯金と考えてください。今、日本のインフレ率が3％ということは、政策金利が現状0・5％で預金金利はそれより低いですから、この約1000兆円が毎年最低でも2・5％程度、価値が目減りしていると計算できます。

つまり国民全体で25兆円の損失が出ていることになるのです。普通預金の金利が上がったと言っても、ようやく0・2％程度です。優遇金利でも0・1％程度上乗せされるだけですから、損失の規模はほぼ変わりません。

ちなみに米国では、3％程度のインフレ率に対して短期金利は約4％ですから、短期の国債で運用したり定期預金で持っていても金利の方が高く、損にはなりません。しかし、日本では国民全体で莫大な損失が出続けています。

こういう状況だからこそ、政府は「貯蓄から投資へ」を推し進めているのです。金利を正常な水準に戻せないから、国民はリスクを取って投資をしなさいという話なのです。多くの人は政府が打ち出す金融政策に関心がないですから注目されることはありませんが、この状況を理解している投資家は日本円での投資に躊躇しているはずです。

仮に米国債を買えば、1年ではインフレ率約3％分の損が出るでしょうが、それ以上に3カ月物でも4％の金利が付きますので、結果的に利ざやを得られます。ユーロも同様に、3カ月の定期預金や3カ月物の国債を購入すれば、短期金利からインフレ率を差し引いた分の利ざやを得ることができる（日本人の場合は為替リスクがあります）。

しかし、日本円を持っていたとしても、金利がインフレ率を大幅に下回っていますから、価値が目減りするだけで運用方法がありません。日銀はそんな現状を百も千も分かっているからこそ、金融を正常化したいと考えているのです。

2013年、黒田東彦総裁（当時）が異次元の金融緩和策を打ち出しました。この発表の翌日、4月5日付の日本経済新聞朝刊1面に「黒田日銀、デフレ脱却へ戻れぬ賭け」という記事が大きく出ていたのをよく覚えています。その見出しの通り、異次元緩和は大きなリスクをはらんでいました。

ただ円の運用という観点から一つだけ救われたのは、当時の日本経済がデフレに陥っていたという点です。デフレはマクロ経済全体に悪影響をもたらしますが、通貨の価値は上がります。従って、円で預金などの資産を持つ人たちにとってはメリットが大きく、金利がゼロでも問題がなかったのです。

ところが、今はその逆です。3％程度のインフレなのに金利はほぼゼロという、信じがたい状況をつくりだしています。もっと信じがたいのは、これに対して国民が何の反応も示さないことです。みすみす損をしているのに、なぜ「金利を上げるべきだ」という声が出ないのでしょうか。

日本は今、インフレを加味した所得である「実質所得」がほとんど上がらないなか、モノやサービスの価格だけが上がっています。本来の国のあるべき姿とは、給与の引き上げのみならず、国民が保有する資産の価値も上げていくように対応することではないでしょうか。

しかし、日銀は十分な金融政策を打ち出せていない。この状況に対して、日銀は忸怩たる思いに駆られていることは間違いありません。もし、金融が正常化され、金利がインフレ率程度とまでは言わないまでも2％にまで上がれば、1000兆円ある個人金融資産は20兆円程度の金利を毎年得られます。税金で20％程度取られますが、それでも16兆円の収入増です。

金融資産の多くは高齢者が保有していますが、仮に2000万円の預貯金を保有している世帯なら、年間税引き後で32万円入ってくる計算になり、年金生活者には大きな収入増となります。

日銀はどこまで金利を上げるのか――「中立金利」を考える

このように日銀は、金融正常化に向けて金利を上げていきたいと考えているわけですが、実際のところ、どこまで引き上げていくのでしょうか。

ポイントは「中立金利」です。

中立金利とは、景気を熱しも冷やしもしない名目ベースの金利です。正確に算出するには、インフレ率や成長率をベースにして非常に複雑な計算が必要になりますので、詳しい算出方法はここでは割愛します。

日本の中立金利はどのぐらいでしょうか。政策委員会審議委員たちの以前の講演での発言内容によると「中立金利1％」と発言しています。おそらく、日銀内部では「1％」と捉えていることは間違いないでしょう。ただインフレ率が思ったように落ちないなかで、もう少し上と実際には考えている節があります。

ちなみに私は1・5％程度ではないかと考えています。ただ、これだけ長い間超低金利を続けてきたので、実際に日銀が1・5％を中立金利として利上げをしてしまうと、政策金利も1・5％まで上昇させてしまうこととなるので、まずは1％に近付くようにしているのだと考えられます。

では、具体的にどのぐらいのペースで上がっていくのでしょうか。

私は2023年末、講演会などで「24年末には、金利が0・3％まで上昇する」と話していました。当時、多くの人は信じていませんでしたが、実際に24年12月には0・25％まで上がりました。ほぼ近い数値になっていたのです。

そして24年末、「25年末には1・0％程度まで上昇する」と予測しました。ただ、先にも触れましたように、私は日本の中立金利は1・5％程度だと考えていますので、2年後には短期金利が1・5％程度まで上昇してもおかしくありません。当然のことながら、これに伴って現状1・5％ほどの長期金利も上昇していくでしょう。

トランプ米大統領は利下げ、ドル安を求める

続いて、もう一度視点を米国に移します。米国はインフレがある程度収まったこともあるので、ピークでは5％を超えていた政策金利を少しずつ下げていますが、どのあたりを着地点と考えているのでしょうか。

米国の中立金利は約3％だといわれていますから、そこまで下げていくと考えていいでしょう。現在の政策金利は4・25～4・5％に設定しており（2025年3月現在）、短期金利であるTB3カ月もほぼ同じ水準で推移しています。

ここからどのぐらいのペースで利下げを進めていくかの予測は非常に難しいところですが、大統領に就任したトランプ氏が減税を含めて経済政策を〝大盤振る舞い〟することは間違いないと言われています。

ただ、注意すべきはインフレです。現在、米国の実質GDPは11四半期連続でプラス成長と、好景気が続いています（2025年3月現在）。さらにトランプ大統領による経済政策が重なりますと、関税上昇もありインフレ率がなかなか落ちないのではないかとの見方

も有力です。雇用も、失業率が4％程度と比較的堅調です。

そのため、FRBは2025年の利下げペースを大幅に減速させる予想です。2024年8月には「25年に4回の利下げを実施する」という見通しを示していましたが、12月には「利下げは年2回」と発言したのです。つまり、2025年末までに0・5％の利下げが実施され、政策金利は3％台後半となるということです。

しかし、政策金利の見通しはFOMCが開催される度に見直されます。経済が好調でインフレ率が想定したように落ちないと、利下げ回数はさらに減ることも考えられます。FRBのインフレ率目標は2％です。一方、景気が関税などの悪影響で減速するようなことがあれば、25年末までに、当初の見通しのように1％近く低下する可能性もあるのです。

トランプ大統領は「アメリカ・ファースト」を掲げていますから、国内景気を悪化させることは絶対に避けたいと考えているはずです。かといって、過度なインフレも避けたいと思っているでしょう。従ってFRBはトランプ政権の経済政策や景気の状況を丹念に考察しながら、年8回開催されるFOMCのタイミングで、政策金利を動かしていくことになります。

もう一つ、忘れてはならないのはドル／円相場の動向です。現在（2025年3月20日現在）、ドル／円相場は1ドル＝149円台半ばを推移しています。少し円高に振れていますが、1月8日には1ドル＝158円を付けていました。2022年以降、円安ドル高傾向が続いていますが、これからどのように動いていくのでしょうか。

結論から言いますと、私は円高ドル安に向かうと見ています。

これまで述べてきたように、今後ショックなどが起こらない限り、日本は利上げを、米国は利下げを進めていく方針です。現在、日米の金利差は4％程度ありますが、これが少しずつ縮小していきます。

一般的に金利差が4％を超えると、「円キャリー取引」が起こります。円キャリー取引とは、低金利の通貨である円建てで資金を借りて、米国などの高金利国の金融資産などで運用することで金利の利ざやで儲けようとする取引のことです。

例えば、日本円で資金を借りて米ドルの金融資産で運用すれば、為替が変動しない限り4％程度の利ざやを得ることができます。さらに円キャリー取引が起これば起こるほど、円売りドル買いの動きが広がり、円安ドル高が進んでいく。すると、為替でもダブルで儲けられる可能性があります。

こういった取引が起こるのが、金利差が4％を超えるときと言われています。ここ数年日米金利差は4％を超えていましたから、円キャリー取引が起こっていたのです。
しかし、先にも触れたように近い将来、日米の金利差は4％を切る水準まで縮小していくでしょう。すると、円キャリー取引解消のための〝巻き戻し〟が起こる可能性があります。

金利差は1年間で4％程度ですから、為替が少しでも動きますと、利ざやは一瞬で吹き飛ぶ可能性があります。従って金利差4％を切ると、キャリーの巻き戻し、つまり、ドルを売って円を買う動きが一気に広がり、円高ドル安が進むことになるのです。

日米の金利差が4％を切るまで、あともう少しです。トランプ大統領は「アメリカ・ファースト」のもと、自国の輸出を増やしたいという思惑がありますから、ドル安を求めています。そのためにも利下げが必要です。また、景気を浮揚するためにも金利が低いほうがいいですから、トランプ政権はFRBに強いプレッシャーをかけるでしょう。

一方で、先にも述べたように日銀は中立金利を1％と見ていますから、国内景気を横にらみしながら2025年末に1％程度にまで政策金利を上昇させるでしょう。このままのインフレが収まらず、賃上げなど景気の調子もそこそこなら、26年には1・5％ぐらいまで上げていく可能性が高い。そうすると、このままショックなどが起こらなければ、20

25年半ばには円キャリー取引の巻き戻しが起こり、円高ドル安に転じるのではないかと思うのです。

私は、1ドル＝130円台まで円高が進むのではないかと考えています。ただ、日本のファンダメンタルズ（経済的基礎力）が弱いことは間違いありませんから、前回のトランプ氏の大統領就任時の1ドル＝110円前後の水準まではなかなか戻らないと思います。

見極めは難しいのですが、ドル／円相場を見通す上で注意しなければならない点が2つあります。1つは、先にも触れたように米国景気の強さです。トランプ政権が発足し、米国景気が予想より強いことから、金利が下がりにくくなっていることは間違いありません。

もう1つは、日本の利上げペースです。日本は高い確率で金利が上がっていきます。しかも、想定よりも早いペースで引き上げられる可能性があります。両国の利上げ、利下げのスピードを見ながら、ドル／円相場の先行きを見極めていくようにしてください。

金利上昇によって、これから倒産が増加する

経営者にとって大きな問題となり得るのはここからです。金利の上昇は、日本企業にどのような影響を及ぼすのでしょうか。

ここで「企業倒産件数」の動きを見てみましょう。コロナ前の2019年は月約600～700件で推移しており、年間では8631件。コロナ禍の2021年は年間で6021件。当時はいわゆる「ゼロ・ゼロ融資」や補助金などの資金繰り支援策が奏功し、コロナ前よりも減っていました。

ところが2024年は前年比15・1％増の10006件と大幅に増えています。物価上昇や人手不足による人件費の上昇に加え、コロナ禍での「ゼロゼロ融資」の返済が本格化しているからです。倒産まで至らなくとも、融資の借り換えを行っている企業が多くあります。その場合は、すでに「金利のある融資」に替わっていますから、財務内容が悪化している可能性が高いと思います。

さらに問題があります。一部の企業では、コロナ補助金によって余った資金で過剰な設備投資をしているのです。特に地方の企業で散見されます。

地方出張に行きますと、観光客がそれほど集まらない地域でも、ホテルや旅館がリニューアルしているのを見かけます。コロナ禍で経営が非常に苦しかったはずなのに、大々的

図表1-9　企業倒産件数

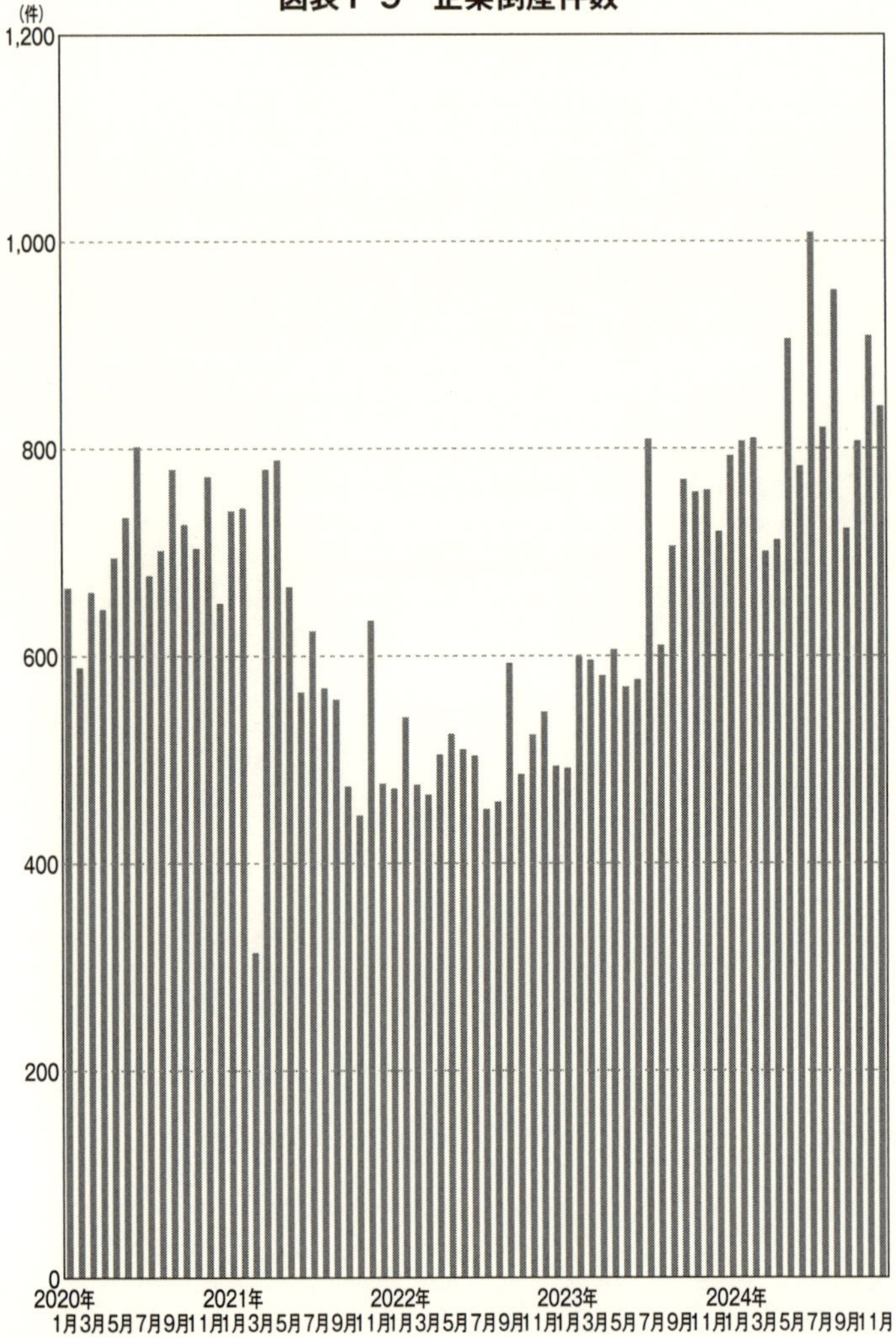

出所：東京商工リサーチ

にリニューアルを実施しているのです。

私は不思議に思い、地域の金融機関の担当者に理由を聞いたところ、「コロナ補助金によって、資金が余っているんですよ」とおっしゃっていました。

ホテル業だけではありません。病院でも同様の傾向が見られます。一部の病院には多額の補助金が下りましたから、それほど収益が上がっていない病院でも高額な医療機器を購入したり病棟を増やしたりと大規模な設備投資を行っているケースが少なくないのです。

どの業種でも、設備投資をするとその後のオペレーション資金がかさみます。例えば、病院で病棟を増設したとすると、その施設を回すために国の定める施設基準に従って医師や看護師などを増やさなければならなくなります。

生産性向上のために投資しているのなら問題ありませんが、何の戦略もないまま規模だけを拡大してしまったら、単に運用コストがかさみ、経営が悪化していくのは自明の理です。しかもホテル業や病院はサービス業ですから、生産性の向上はなかなか難しいのが実状です。人手不足による人件費の上昇も向かい風となっています。

ここからが本題です。この状況下で金利が上がっていきますと、どのようなことが起こるでしょうか。

あらゆる業界において、特に有利子負債を多く抱える企業は「利払費」が増えますから、財務内容が悪化します。すると、利益率の向上を目指さなければならなくなります。利益率を上げるためには商品やサービスのレベルを上げたり、生産性を上げたりしようとします。そうなると有利子負債をさほど抱えていない企業も含めて、一時的に競争が激化する可能性が高いのです。

しかし、少し長い目で見れば、有利子負債の多い企業では、利子の負担などが増えたり、商品・サービス開発や生産性向上のための投資に資金を回せなくなったりしますから、結果的に経営が悪化し、倒産やM&Aなどで淘汰が進んでいくことが考えられます。

このあたりの経営に関する話については、第2章以降で詳しく説明をします。

このままでは予期しない金利高が起こる——財政赤字と金利上昇

金利のことに話を戻しましょう。短期的に金利が上昇していくと述べましたが、ここからはもう少し中長期的な内容に移します。

もし、政府が財政赤字を放置し続けた場合、予期せぬ金利上昇が起こる可能性があるのです。

現在、日本国債の発行残高は２０２４年末で約１１００兆円を超えています。さらには債務残高の名目ＧＤＰ比は２５８・２％（２０２３年）と、Ｇ７加盟国のみならず、その他先進諸外国と比べても突出した水準となっているのです。単年度でも５％程度の財政赤字です。

こういった背景から、日本国債の格付け（米Ｓ＆Ｐ）はシングルＡプラス、つまり上から５番目に位置しています。ところが日本の長期金利（新発10年国債利回り）は、２０２４年12月末時点で０・９％と非常に低い水準です。このところ長期金利が上昇したと言っても、１・５％程度です。

一方、トリプルＡに格付けされている米国債の10年国債利回りは４・５％程度。同じくトリプルＡのドイツ国債の10年国債利回りは２・４％後半で推移しています。ドイツの財政赤字残高は対名目ＧＤＰ比で60％台で、２０２４年単年度の財政赤字はＧＤＰ比で２・８％しかありません。

格付け最上位の米国債やドイツ国債の長期金利よりも、はるかに下の日本国債の長期金利の方が大幅に低くなっている。つまり、日本国債はリスクが高いにも関わらず、リターンも低い金融商品だということです。こんな国の国債を、誰が買うでしょうか。

なぜここまで日本国債の金利が低いかというと、2013年以降に発行された新規国債の90％以上を日銀や日本の民間金融機関が買い入れているからです。そして、アベノミクスの異次元緩和策のせいもあり、今では、日銀が残高の半分以上を保有しています。日本国債市場は、ほぼ鎖国状態と言えるでしょう。

では、残りの10％は海外勢が買っているのではないかとの意見がありますが、それは海外の金融機関や機関投資家がリターンを求めて買っているのではなく、各国中央銀行が外貨準備を一定比率保有するために買い入れていることも多いのです。

話を戻します。では、この先、予期せぬ金利高はどのようにして起こるのでしょうか。日本の財政赤字は拡大の一途をたどっており、財政破綻のリスクがあると警鐘を鳴らす専門家も少なくありません。さらには2024年10月の衆議院選挙で自公連立与党が過半数割れに追い込まれ、この先、自民党政権は野党におもねらねばならなくなりました。つまり、バラマキを行うということです。財政赤字がさらに拡大することは間違いありません。

財政赤字が増えると当然、国債の発行残高が増えます。一方、日銀は、アベノミクスで急増した保有する大量の国債をどこかのタイミングで民間金融機関に買ってもらわなければなりません。国債は価格変動するからです。価格が大きく下がると発券銀行としての信任に関わります。日銀はアベノミクス前の5倍程度の国債を保有しています。しかし民間金融機関は、利回りが1％程度しかない上に価格変動リスクもある日本国債など、あまり多く保有したいとは思わないのです。

となると、外国勢に買ってもらわなければならなくなるわけですが、彼らが日本国債をこのままの条件で購入するとは思えません。格付けがシングルAプラス、しかも人口減少が進み、経済が縮小し、先進国のなかでも突出した財政赤字を抱える日本の国債を、利回り1％程度で買い入れる投資家などいるわけがないからです。

その結果、何が起こるでしょうか。このまま財政赤字が拡大し、海外勢や今以上に国内の金融機関に対して国債を売らなければならないとすれば国債金利が上がり始めるのです。

先ほど、日銀が少しずつ政策金利を引き上げていき、長期金利も上昇していくと述べました。これは金融システムを正常化させるために必要なプロセスであり、日銀は当面は中立金利1％を目指して進めていくと考えられます。

ところが、このままの財政状況を放置すれば国債需給はどんどん悪化しますから、日本国債は1％程度で発行することなどできなくなるのです。

すでに兆しはあります。2025年1月7日、財務省は1月発行の10年物国債の入札で、表面利率（買い手に毎年支払う利率）を1・2％とし、24年12月までの0・9％から0・3ポイント引き上げました。表面利率は、財務省が原則的に3カ月に1度、落札価格が額面を大きく下回らないように見直しを行っています。現状の10年国債利回り（1・4％程度）を考えれば、今後はさらに上がるでしょう。

今回の見直しについて、財務省は「米国の金利上昇が日本国内にも影響を及ぼしており、国債利回りが上昇している」と説明していましたが、財政赤字拡大により、日本国債の需給がさらに悪化すれば、短期・長期ともに金利の上昇は避けられなくなります。

このような金利上昇が本格的に起こり始めたら、金融正常化どころの話ではなくなります。今後、金利上昇によって短期的には利益率確保のために企業の競争がより激化し、競争に勝てない企業や有利子負債の多い企業の生き残りが困難になっていく可能性が高いと述べましたが、予期せぬ金利上昇はそれをますます厳しい状況に陥らせます。財務内容のいい企業も、競争激化で油断しているとシェアを大きく落とす可能性があります。

中立金利1％程度までの金利上昇でしたら耐えられる企業は多いかもしれませんが、予期せぬ間に2％、3％と上昇していった場合、耐えられる企業はどれだけあるでしょうか。

こういったシナリオも十分考えられますから、国内企業の経営者たちは、財務内容の見直しとともに、高金利にも耐えられる事業構造をつくることが、今、急務となっているのです（詳しい対応策は次章以降で説明します）。

ちなみに、私が1981年に東京銀行で銀行員生活を始めた時、定期預金1年物は年利5％、3年物の債券は年利7％で販売していました。当然、企業への融資の貸出金利はもっと高い水準でした。その高金利に打ち勝ってきた企業が生き残り、今の日本経済を支えているのです。

これと同じ状況が、近い将来も起こりうると私は考えています。

バブル崩壊後の「貸しはがし」が再び起こる可能性も

アベノミクスがスタートしてから約10年、金利について考える必要のない時代を多くの企業は経験しました。私のお客さまを見ていても、長期の投資資金のうち半分ぐらいを変動金利で借入れている会社が少なくありません。

しかし、私はそんなことをする経営者に危機感を抱き、「金利が上がり始めたら返済ができなくなるリスクを考えるべきだ」と強い口調で注意することがあります。特に中小企業のなかでも利益率の低い企業、有利子負債を多く抱える企業は、高金利時代に耐えられない恐れがあるからです。

これは、通常の企業活動で得た利益より利払費が上回り、最終赤字に陥ってしまうという単純な話だけではありません。

一般的に金融機関は、融資先の企業が3期連続で赤字になると、よほどの担保などがない限りは融資を引き揚げる可能性があるのです。

金利が上昇していくこれからの時代は、銀行の評価にも注意が必要になります。

銀行は各企業に対して10段階ぐらいの評価を付けています。当然のことながら、借り入れの多い企業はもともとランクが高くありませんが、それでも利益が出ている場合は、銀行としても金利を儲けられますので、ある程度の安全性が確保されていれば高めの評価をしているものです。

ただし、赤字に陥ると話は別です。銀行は預金者から集めた資金などを貸し出すことで利益を出していますが、その利ざやは多くて数％、場合によっては0・25％かそれ以下という融資もあり、非常に利ざやの薄いビジネスをしているのです。

そのため、最も重視するのは貸出先の安全性です。貸出先企業が利益を出している間は、借り入れが多くても安全性は比較的保たれていますが、赤字になると安全性が低下します。ましてや赤字が続くことになれば、銀行からの評価は格段に落ちます。

そして先にも触れましたように、金利上昇局面では経常赤字、ひいては最終利益（純利益）が赤字になると、銀行は融資を引き揚げる判断をする恐れがあるのです。

今、金融庁はスタートアップの創業や経営者による事業展開を推し進めるために「個人保証に依存しない融資慣行の確立」を目指しており、中堅や中小企業でも、個人保証（金融機関から融資を受ける際、債務者である企業ではなく、経営者などの個人が返済や支払いを保証する義務を負うこと）を取らないケースが増えています。

しかし金利上昇局面では、その分、余計に審査や評価基準が厳しくなると考えるべきでしょう。

さらにいえば今、銀行の数が過剰であることから貸出競争が起こっています。いわゆる

「オーバーバンキング」です。そのなかで金融庁から「個人保証を外しましょう」と言われたら、銀行は外さざるを得ません。

すると、どんなことが起こるでしょうか。個人保証もなく貸出先企業の倒産確率が高くなると「貸し倒れ」になってしまう危険性が出てきますから、銀行はいち早く「融資を全額返して欲しい」と貸しはがしに動くのです。財務内容の悪い企業は、今まで以上に倒産しやすくなる恐れがあります。一方、財務内容の悪い銀行では、自行を守るために、さらに「貸しはがし」の傾向が強くなるでしょう。

特に変動金利で資金を借りている場合は、3カ月から6カ月で金利や返済条件の見直しが行われます。ここで銀行が貸出先企業の評価を下げたり、金利が上昇して返済が難しくなるのではないかと判断したりして「3カ月で返済してください」と言ったら、経営者は抵抗のしようがありません。

「変動金利で借りると安いから」と言って、何の計画もないままに短期の借入れを増やしてしまうと、数カ月後には倒産してしまうこともあり得るのです。会社は赤字になった時に倒産するのではありません。借金が返済できなくなった時に倒産するのです。

銀行はバブル崩壊によって大量の不良債権を処理した経験があり不良債権処理には慣れ

ており、判断もシビアです。安全性の高い会社にはたくさん融資したいですが、危険な会社には貸さないどころか、場合によっては早めに倒産してもらった方がメリットがあると考えます。だからこそ、赤字が続いて安全性が低下した企業に対しては、容赦なく貸しはがしを行うわけです。金利が上がると、その選別が厳しくなるのです。

特に有利子負債の多い企業は、複数の金融機関から多額の融資を受けているケースが多い。すると、金融機関にとっては〝回収の早い者勝ち〟となり、連鎖的に貸しはがしが発生します。こうして一気に倒産へと進んでいくのです。

しかし、多くの経営者はこういった高金利時代を経験したことがありません。

90年代のバブル崩壊後はこういった事例がたくさんありましたから、当時を経験している経営者たち（主に現在70代以上の人たちですから、引退されている方も多いでしょうが）は、貸しはがしの恐ろしさを体感し、身をもって学んだ方もいるでしょう。

しかし、その後継者である経営者たちは、その時代の状況を知りません。知らないからこそ、低金利時代の〝甘い経営〟を続けています。銀行はいつでも融資をしてくれると考えていますし、悪いケースですと、借りた資金で贅沢をする経営者もいます。

そんな悦楽的な経営者が生き残れないのはどんな時代でも当然の話ですが、高金利時代は「当たり前の時代」が到来したとも言えるのです。

もう一つ、注意しなければならない点があります。金融機関の抱える不良債権が増えてくると、貸しはがしが加速すると同時に「貸し渋り」が起こる恐れがあるのです。

資産規模の大きな銀行や安全性の高い銀行は不良債権が多少増えても耐えられますが、一部の銀行では耐えられなくなってきます。

経営の健全性を確保するため、金融機関には自己資本比率規制（バーゼル規制）が定められています。銀行独自の自己資本比率（一般企業の自己資本比率については詳しくは第2章「突然の倒産を防ぐために必ず押さえるべき指標――手元流動性、流動比率、自己資本比率」で解説します）の算出方法やその最低水準、ほかにも流動性規制などが盛り込まれている国際統一基準です。

金融機関の不良債権が増えると、自己資本比率が下がり、この規制に抵触してしまいますから、資金を貸さないどころか貸しはがさざるを得なくなるのです。1997年、2003年の金融危機では、まさにこういった事態が起こって多くの中小企業が倒産の危機に陥りました。

最終的に銀行が、顧客よりも自分たちの生き残りを優先することは、この当時の動きから明らかなのです。

１９９８年、私の親しいお客さまも貸しはがしによって倒産しました。ちゃんと利益を出していましたが、借り入れが多かったために、貸しはがしの対象になってしまったのです。黒字倒産でした。利益を出しているからといって、安心はできません。

このようにひとたび金融機関の安全性が悪化すると、財務内容の悪い融資先企業は余計に厳しくなるという悪循環に陥ります。これがいつ起こり始めるかは分かりませんから、中堅・中小企業の経営者は、今のうちに財務内容を改善しておく必要があります。

特に有利子負債を多く抱えている企業は、財務内容の見直しとともに、利益の出る事業構造、それも最終利益が出る強い事業構造をつくっておかなければならないのです。次の章からそれらについて詳しく説明します。

第2章

金利上昇・インフレ時代に注意すべき経営指標

第2章では、財務諸表を見ながら、金利上昇局面において特に注意すべきポイントや経営指標をピックアップし、それらをどう改善していくべきかを説明します。

財務諸表は、数字だけ追っていても意味がありません。貸借対照表、損益計算書、キャッシュ・フロー計算書の本質的な構造にプラスして、着目すべき指標の定義と読み方について、しっかり理解しておく必要があります。

貸借対照表の大原則を理解する――会社が倒産するのはどんな時か

経営においては「貸借対照表」の構造や本質をきちんと理解しておくことがとても重要です。特に金利上昇時にはその内容がとても重要になります。貸借対照表は、ある時点（期末）の資産、負債、純資産の内容を表す財務諸表ですが、有利子負債の額、資産内容、負債と純資産の比率などをしっかりと見極めなければなりません。貸借対照表からは主に会社が事業活動を続けていけるかどうか、倒産する危険性がないかといった安全性を調べることができます。

どんなに収益を上げていても、将来性があったとしても、会社が潰れてしまってはどうにもなりません。ですから、緊急時に真っ先に見るべき財務諸表は貸借対照表なのです。

そして特に有利子負債の多い企業は、金利上昇時にはその改善が必要なのです。

もちろん財務的に余力のある会社では、資産内容に加えて投資余力なども貸借対照表から分かりますし、上場企業の場合には配当余力も読み取れます。従って、財務三表のなかでもこの貸借対照表を最初に理解することが重要です。

まず、貸借対照表の構造を理解することが大切です。ここが分かればかなりのことが理解できます。

貸借対照表は、左サイドが「資産の部」、右サイドが「負債の部」「純資産の部」となっています（図表2-1参照）。

左サイドの「資産の部」には、その会社が保有する資産、例えば現預金、製品を作るための原材料や機械、工場やオフィスなどの建物、商品の在庫、売掛金などについて、種類ごとにまとめられています（原則的に、その資産を取得したときの価格で記載されています）。

一方、こういった資産を購入するためには資金が必要です。その資金をどのように調達したかをまとめたものが、右サイドの「負債の部」と「純資産の部」です。言い換えると、貸借対照表の右サイドは「資金をどのように調達したか」。左サイドは「資金をどの

図表2-1　貸借対照表の図

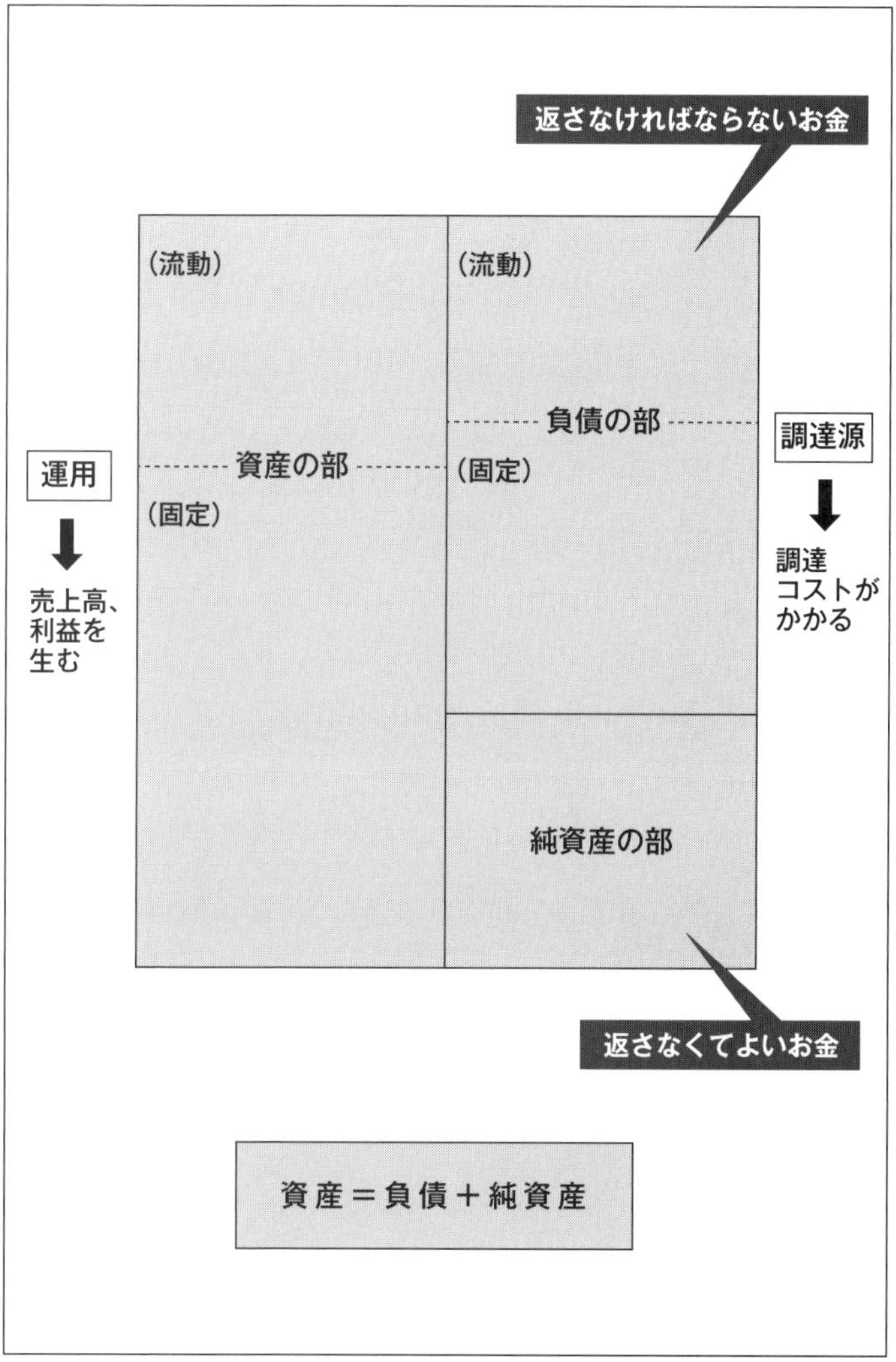

ように使ったか（あるいは運用したか）」をそれぞれ表しているのです。（ですから、この左サイドと右サイドの合計は必ず一致し、「資産＝負債＋純資産」という式が成り立つので、貸借対照表は「バランスシート」とも呼ばれています。）

資産を賄うためには、負債か純資産での資金調達が必要ですが、金利上昇局面では有利子負債を減らすこと（＝ムダな資産を減らすこと）が重要になります。

「在庫はキャッシュ」

金利が上昇することで有利子負債を抱える会社は金利を今まで以上に多く支払う必要が生じますが、そもそも有利子負債を減らせばその心配からは逃れられます。先ほど、貸借対照表の構造の説明をしましたが、負債（有利子負債）の反対側には、資産が必ずあります。負債あるいは純資産で資産を賄っているからです。

逆に言えば、資産があれば、その分負債か純資産が存在するわけです。ということは、有利子負債が多い企業に限らず、資産、それも不必要に保有する資産を減らせば、その分、負債を減らすことができるのです。

私が40年ほど前に米国のビジネススクールに通い始めたとき、ファイナンスの最初の授業で先生が「在庫はキャッシュ」とおっしゃいました。

当時の私は駆け出しの銀行員で、会計や財務についてそれほど詳しくありませんでしたから、正直なところ、ピンときませんでした。しかし、コンサルタントとして多くのお客さまを見ていきますと、「在庫はキャッシュ」という言葉の意味が身に染みて分かるようになりました。

「在庫」は、現預金などを減らして購入するか、あるいは負債などで賄う必要があり、いずれにしても、その分資金負担がかかっているということです。

詳しく説明しましょう。貸借対照表で考える場合、その左側である「資産の部」に「在庫（たな卸し資産）」が計上されています。在庫を増やせば、その分、右側の「負債」か「純資産」も増やさなければ、在庫を維持する資金を賄えません。そうでなければ、在庫を買うために保有する現預金を減らすことになります。いずれかです。

在庫は短期の資産であり「流動資産」に含まれますから、負債を増やす場合には、通常は短期資金である「流動負債」で在庫を賄います。

在庫を買掛金（商品やサービスを後払いで購入した場合の債務）で賄えれば金利はかかり

ませんが、一般的には、買掛金の支払期日（サイト）はそれほど長く認めてもらえません。ましてや在庫が長く滞留する場合には、その分、資金負担がかかり、短期の借入金を増加させなければならなくなります。

さらにここで金利が上がると、借入金で在庫を賄っている場合には金利負担が増え、利益を圧迫する可能性もあるのです。

もう1つ注意しなければならないのは、損益計算書で考える場合、在庫は仕入れただけでは「費用」として計上されないということです。それを売った時に初めて「費用」となります。だから、在庫を次々に積み増しても、その時点では損益計算書上には何も表れません。

しかし、実際に在庫を買うためにはお金が必要です。従って、必要以上に在庫を多く買ってしまうと、損益計算書には影響しなくても資金繰りが苦しくなる原因となるのです。

さらには、在庫は内容によっては「陳腐化リスク」があります。古くなって売れなくなる可能性があるということです。その際には、在庫の簿価を下げ、その分を損失処理する必要が生じます。このような点から、在庫には十分に注意を払わなければなりません。

「在庫はキャッシュである」という認識が必要です。

「売掛金（商品やサービスの代金を後払いで回収する権利）」も同様に気を付けなければなりません。売掛金が膨らむ時というのは、売上げが上がっているので数字の上では利益が出ていても、キャッシュは手元にないという状態に陥る恐れがあるからです。売掛金の裏側では負債が増加していることも少なくありません。

流動資産が膨らみやすい会社、つまり在庫を多く抱える、あるいは商品やサービスを後払いで販売して売掛金が膨らみやすい会社は、短期の借入金を増やさなければ経営が回らなくなる可能性があります。

これまでなら金利負担のことをそれほど考えず、「利益は出ているし、資金繰りさえつけばそれで大丈夫だ」と考える経営者も多かったと思いますが、これからは違います。金利が上昇していくわけですから、金利負担も十分に考慮しなければなりません。ましてや、利ざやの薄い取引をしている場合にはなおさらです。

もちろん、それでも買掛金が同額以上に出る業種ならばいいのですが、買掛金よりも売掛金の方が多い業種は注意が必要です。

また、売掛金は回収のリスクがあります。金利上昇時には、有利子負債の多い売り先の倒産リスクも増えます。

在庫や売掛金で倒産する会社も出る

今後は、在庫や売掛金の増加が大きな要因となり、利益を落とす会社が増えるとともに、場合によっては在庫や売掛金が原因の倒産が、今後増加するのではないかと私は危惧しています。特に影響が大きいのが、病院と在宅介護業です。

その理由は、競争環境の激化も一因ではありますが、一番の大きなものは「売掛金」です。例えば、病院は現金商売ですが、患者が窓口で支払っているのは医療費のうち3割であり、7割は保険から出るという仕組みになっています。すると、この7割が病院に入ってくるのは約1カ月半後になるのです。

在宅介護業はより深刻です。現金としてその月に入ってくるのは売上げのうち1割、残り9割は保険ですから、介護報酬として市町村から入ってくるのは、やはり約1カ月後以降です。

すると、どうなっていくでしょうか。売掛金がどんどん膨らんでいくのです。確かに、通常は公的な保険から支払われますから、取りっぱぐれはありません。しかし、売掛金の割合が大きいことから、売上げが右肩上がりで伸びていくほど売掛金が膨らんでいき、資金負担が重くのしかかっていくのです。

では、それを短期の借入金で賄えばいいのではないかとの意見がありますが、そんなことをしたら会社（あるいは病院）は倒産のリスクが増加します。

なぜならば、これから金利が上がっていくからです。金利上昇局面では、短期の借入金は短いもので3カ月、長いもので6カ月ごとに金利の見直しが行われます。すると、金利が上昇した分、金利負担も増えますから、これらの業界の会社は財務内容がどんどん悪化していくのです。財務内容が悪化すれば、銀行が融資を渋る可能性もあります。

売掛金の一定額が常に存在するような場合には、それを長期の借入金かあるいは純資産（自己資本）で賄ったほうが安全なのです。

大手の在宅介護の会社のほとんどが上場している理由は、ここにあります。上場することで自己資本を厚くし、それによって短期の売掛金を賄っているのです。

今後は高齢者の数が増えていきますから、介護業界はますます売上げが伸びていくでしょう。しかしその分、倒産する会社が増えていくことは間違いありません。

これらの業種以外にも、在庫を多く持つ業種や売掛金が滞留する業種は、資金の動きをよく見ておくようにしてください。金利上昇が命取りになる可能性もあるからです。さらにいえば、効率化を進め、より高い利益率を出せるような事業構造にしていくことも必要です。

もちろん、在庫や売掛金のような流動資産だけでなく、土地、建物、製造設備などの固定資産にも資金負担がかかります。それらもムダがないかを常にチェックすることが必要なことは言うまでもありません。このことは利益率とも大きく関係するので、後の損益計算書を説明する際に、再度詳しく述べます。

内部留保は現金とは限らない

余談ですが、ニュース番組に出ているコメンテーターが、時々、「企業は内部留保をたくさん抱えているのに、なぜ従業員の給料を上げないのか」と発言しています。このような発言を耳にするたびに、貸借対照表についての理解が浅いと感じます。

実は、内部留保の定義は一定していません。一部の人たちは、株主資本の「利益剰余金」を内部留保と呼んでいます。利益剰余金とは、「税金を支払い、配当を支払った後の利益の蓄積」です。先ほども触れましたが、これは貸借対照表の右側に計上さます。この「貸借対照表の右側」というのがポイントです。つまり、これは資金の調達源ですので、現預金かどうかは分からないのです。

一般的には、利益が出て、利益剰余金が計上されたら、一旦は現預金として入るかもしれません。しかし、その後は設備投資に回したり、人材獲得のために出費したりします。

人材獲得のための投資は貸借対照表には計上されず、利益剰余金が減るだけになります（損益計算書には計上されます）。工場や建屋を建設した場合は、利益剰余金は減らず、貸借対照表の資産の部「有形固定資産」に計上されるだけです（減価償却費がある場合は、その分が利益剰余金から差し引かれます）。土地を購入した場合は、土地は減価償却されませんから、利益剰余金は増減しません。

従って、「利益剰余金をたくさん抱えているんだから、給料を上げるべきだ」と言っても、利益剰余金は土地や工場に形を変えている可能性もありますから、支払うことはできないのです。

もう1つ、内部留保を「現預金」と捉えている人がいます。それは間違いとは言い切れませんが、貸借対照表の仕組みを十分に理解していません。現預金は、借入れによって調達されている可能性があるからです。

もし、有利子負債によって現預金が調達されているにも関わらず、それで給料を上げてしまったら、会社は倒産してしまうリスクがあります。返済が必要ですからね。つまり、従業員の給料を上げる余力があるかどうかは、単に「内部留保があるかどうか」ではなく、貸借対照表の仕組みを理解した上で正確な議論をしなければならないのです。いい加減なことを発言してはいけません。

もちろん、最も安全性が高いのは内部留保が多くある上に、その分を現預金で持っている会社です。収益性も必要ですが、その場合は従業員の給料を上げることは可能でしょう。

ただしもう1点、見逃している点があります。特に上場企業の場合、公表している財務諸表のほとんどは「連結財務諸表」だということです。

連結財務諸表とは、親会社、子会社、関連会社などの企業グループを1つの企業と見なして作成する財務諸表です。すると、次のようなケースがあるのです。

海外の子会社がたくさんの現預金を持っているとすると、親会社が日本で上場している場合、連結上、子会社の持つ多額の現預金を合算した金額が連結の貸借対照表には計上されます。この現預金のほとんどは海外の会社で稼いだお金ですから、国内の会社の従業員に配れるわけがありません。

もちろん、株主に配分する場合は問題ありません。株主は連結上の親会社に投資しているわけですから、子会社の利益の配分も当然のことです。しかし、海外の子会社が稼いでいるからといって、日本の会社の従業員が給料を上げてもらえる理由にはならないのです。

もし、日本企業単体で財務内容を見た場合に、十分に利益剰余金がある上、利益も安定して稼いでいて、さらには現預金も潤沢に持っていれば、賃上げは可能でしょう。

しかし、そんな企業は日本にどれだけあるでしょうか。２０２５年の賃上げ率は５％程度と予想されています。しかし、国内企業がそれを実現できるほど利益を出しているでしょうか。私は、なかなか厳しいのではないかと思います。特に中小企業はです。

今後、人口減少などもあり国内市場はますます冷え込む可能性が高いでしょう。さらには繰り返し述べているように、金利が上昇して財務内容が圧迫される企業も増えるでしょうし、競争も激化するでしょう。こういった背景を考えますと、今後、日本企業の従業員の給料は上がりにくくなるのではないかと私は予想しています。

貸借対照表で安全性をチェックする――会社が倒産するのはどんな時か

金利上昇時代に関わらず、貸借対照表で会社の安全性を常に確認しておくことは重要です。ここからは貸借対照表での安全性のチェックのポイントを説明します。（自己資本比率、流動比率、手元流動性などを説明しますが、元々分かっている方は、少し読み飛ばしてもらって大丈夫です。）

まず、貸借対照表で安全性を読み解く上で最も重要なのは、右サイドの「負債」と「純資産」の違いを理解することです。これはとても重要なことです。

両者の違いは、極めてシンプルです。負債とは、将来のある時点で必ず返済しなければならないお金。純資産とは、返済する必要のないお金です。

例えば、銀行から借りたお金は、いつか必ず返済しなければなりませんから、負債に入ります。ほかにも、購入したけれどまだお金を支払っていない「買掛金」、従業員に支払わなければならない予定の「退職金」なども負債に含まれます。

一方、純資産には、株主に出資してもらったお金、事業から生み出された利益の蓄積

（利益剰余金）が入ります。株主に出資してもらったお金は、企業を解散でもしない限り返済する必要はありません。

なぜ、この違いを理解することが重要なのかというと、ここが企業の存続を左右する大きなポイントになるからです。

会社が倒産するのは、どんなときでしょうか。売上げが減少したときでも、債務超過に陥ったときでも、最終赤字を出したときでもありません。会社は、負債が返済できなくなったときに潰れるのです。

ですから、経営はどんなときでも、負債をある一定以上に増やしすぎないようにしなければなりません。言い換えると、純資産の割合を一定以上に保つようにコントロールすることが重要なのです。この点に関して重要なのは「自己資本比率」です。次の項で詳しく説明します。

至極当たり前のことと思われるかもしれませんが、この点は経営の最重要ポイントのひとつですので、しっかり頭に入れておいてください。

突然の倒産を防ぐために必ず押さえるべき指標——手元流動性、流動比率、自己資本比率

「会社は負債が返済できなくなったときに倒産する」と述べました。つまり資金繰りに困り、支払うべき資金が底をついたときです。

倒産に直結する「支払うべきお金」の大部分は、負債です。しかし、会社は負債が多くなっただけでは潰れません。負債が返せなくなったときに潰れるのです。より正確に言いますと、負債のなかでも返済期限の近い「流動負債（1年内に返済しなければならない負債）」が返済できなくなったときに潰れます。

この「流動負債」に含まれる主な勘定科目には、買ったけれどもまだ代金を支払っていない「買掛金」や「支払手形」、1年以内に金融機関に返済しなければならない「短期借入金」などがあります。これらが返済できなくなると、会社は即座に倒産の危険性が高まります。

特に注意すべきなのは、金融機関から借りている「短期借入金」と金融機関で決済される「支払手形」です。もし、手形の決済や借入金の返済が2回滞ってしまうと、金融機関

との取引が停止されます。ここで、事実上の倒産となるのです。

会社の安全性を見極めるためには、これらの点をしっかり理解しておかねばなりません。

では、具体的にどのようにして会社の安全性を見ればいいのでしょうか。必ず押さえておくべき3つの指標をピックアップします。

まずは、中長期的な安全性を示す「自己資本比率」です。以下の式を使って算出します。

自己資本比率＝純資産（≒自己資本）÷資産

自己資本比率は、「資産」を賄っているお金のうち、返す必要がない「純資産」の比率を表す指標です。現実的にはまずありませんが、もし、負債をまったく抱えておらず、すべてが純資産であれば、お金を返す必要がありませんから、安全性は極めて高いと言えます。資産全体に対する負債の割合が、会社の安全性に大きく関わっているのです。特に有利子負債が多いと、返済リスクとともに金利負担が増えることとなります。

自己資本比率の一般的な基準としては、製造業のように工場や建物などの固定資産を多く使う会社の場合は、20％以上、商社や卸売業のように、在庫などの流動資産を多く使う会社は、15％以上あれば安全水域です。

逆に、銀行や保険、証券などの金融業を除く業種では、10％未満になってしまうと安全とは言えません。金融業は現金を扱っていますので、自己資本比率が10％を切っていても、資金繰りは可能なのです。それ以外の業種は、10％未満になると過小資本だと判断すべきでしょう。

ただし、これはあくまでも一般的な基準です。景気の変動により業績が大きく変わりやすい業種の場合は、自己資本比率をもう少し高めに保つことが望ましいと思います。例えば、鉄鋼、化学、紙パルプなどの素材産業、機械などの設備投資産業がこれに該当します。一般的なサービス業よりは景気の変動に業績が左右されやすいからです。

自己資本比率が高ければ安全だとは言い切れません。自己資本比率が60％あったとしても、決算からたった3カ月で潰れてしまうケースもあります。

一体、なぜでしょうか。

返済期限の近い流動負債をたくさん抱えているのに、すぐに支払いにあてられる現預金や有価証券などの資産が少ない場合は、支払いができなくなってしまうからです。

先ほど、「自己資本比率は中長期的な安全性を示す指標」だと説明しましたが、正確には、「短期的な安全性がクリアされている場合は、中長期的な安全性が保たれる」という意味です。

では、短期的な安全性はどのように調べればいいのでしょうか。

いくつかありますが、ここでは主に2つの指標を使います。1つ目は、「流動比率」。次の式で算出されます。

流動比率＝流動資産÷流動負債

繰り返しになりますが、会社は負債が返済できなくなったとき、正確には流動負債が返済できなくなったときに倒産します。そこで流動負債に対する流動資産の比率を計算することで、短期的な安全性を測るのです。

一般的には、120％あれば当面の資金繰りは問題ないと判断します。ただし、業種によっては例外がありますので、自社および自業界の特徴を把握してから見るようにしてください。

もう1つは「手元流動性」です。これは、流動比率よりもさらに短期的なスパンで資金繰りが回るかどうかを調べるための指標です。資金繰りが厳しくなり、会社が窮地に陥ったとき、私が真っ先に見るのは、この「手元流動性」です。

会社は流動負債を返済できなくなったときに倒産すると説明してきましたが、逆に言えば、債務超過（純資産がマイナスの状態）になっても、支払いに必要なお金さえあれば潰れることはありません。そこで、すぐに使えるお金がどれだけあるかを示す指標「手元流動性」が重要になるのです。

手元流動性は、次の式で求められます。

手元流動性＝（現預金＋有価証券などのすぐに現金化できる資産＋すぐに借りることのできる与信枠）÷月商

現預金と有価証券は貸借対照表に載っていますが、借入れの与信枠や増資の可能性など、すぐに調達できる資金は読み取ることができません。

ですから貸借対照表から手元流動性を求める場合は、

「（現預金＋流動資産にある有価証券）÷月商」

を計算します。この手法がもっとも実務的で確実です。特に危機に瀕した会社では、借入れなどによって即座に調達できる資金がほとんどないのが実状だからです。

手元流動性を評価する基準は、大企業の場合は月商の1カ月分。東証グロースやスタンダードぐらいの規模ですと、1・2〜1・5カ月分。中小企業の場合は1・7カ月分ほどあれば安全だと私は考えています。

企業規模が大きいほど手元流動性が少なくても安全なのは、金融機関や市場などから資金調達できるスピードがより速いからです。ただ、金融危機などの大きな景気後退が到来したときは、この基準よりもさらに手元流動性を増やしておくことです。金融機関などからすぐに資金調達できるかどうか、分からないからです。

会社が危機に陥ったとき、本当に頼りになるのは「自社でコントロールできる資金」だけだということをしっかりと頭に入れておいてください。

会社の安全性を正確に把握するには、指標の「優先順位」を考慮する

会社の安全性を見るための3つの指標、自己資本比率、流動比率、手元流動性について説明してきました。

ただ、これら3つには優先順位があります。会社の安全性を見る場合は、「現金に近いところから見ていく」ことが大原則です。緊急性の高い順、つまり、短期的な指標から見ていかなければならないことに注意が必要です。

具体的には、次のような順になります。

①手元流動性

②流動比率

③自己資本比率

ここで、1つの実話を紹介します。かつて、私のお客さまである中小企業の経営者が、優先順位を誤って大変な事態に陥ったことがありました。

この会社は収益こそ安定していましたが、借入れを多く抱えていました。当然のことながら、自己資本比率も低い。そこで社長は、「自己資本比率を上げた方がいい」と考えました。

自己資本比率を上げるには、2つの手法があります。1つは、増資をしたり利益を蓄積したりして、自己資本を増やすこと。もう1つは手っ取り早い方法になりますが、負債を減らして資産を圧縮することです。

その社長は、「毎年業績が順調に伸びているから、持っている現預金を使って借入金を返済して負債を減らそう」と考えました。「収益が安定しているんだから、必要があれば、銀行はいつでも融資してくれるだろう」と。

しかし、このように借入金を返済した直後にリーマンショックが到来し、一気に大不況となりました。手持ちの現預金は借入金の返済に使ってしまいましたので、ほとんど残っていません。大不況から業績も落ち込んでしまいました。

そこで、頼みの綱である銀行に融資をお願いしたところ、「業績が悪化している」と指摘され、お金を借りることができませんでした。業績が悪くなると、銀行は手のひらを返したようにお金を貸さなくなるのです。

その後、この会社は知り合いからの融資を受けるなどして、ぎりぎりのところで資金繰りをつけてなんとか倒産を免れることができましたが、まさに首の皮一枚でつながった状態でした。このように、事業が比較的順調であっても、現預金がなくなったら倒産の危機に瀕する場合があるのです。

手元流動性、流動比率、自己資本比率という優先順位は絶対に守らなければなりません。さらには、危機時には平時より多めに現預金を持つことが大切です。先にも触れましたが、危機時に本当に頼りになるのは「自社でコントロールできる資金」だけだからです。

確かに借金をすれば、自己資本比率は落ちます。優先順位を知らない人だと、「自己資本比率を下げるのは嫌だから、借金は避けたい」と考えるでしょう。自社の財務内容がよければそれでもかまいませんが、必要なときに手元資金がなければ、会社が倒産してしまうことにもなりかねません。

先の事例の社長にも、私はこういったことを何度も説明していました。しかし、彼は油断して優先順位を考えなくなってしまったのでしょう。高い自己資本比率は〝見栄え〟がいいので、業績のいい間に高めてしまおうと思ったのかもしれません。いずれにしても、手元流動性を軽視したことは悪手でした。

私はこれまで、間近で4件の倒産を見てきましたが、そのうちの2件は黒字倒産でした。繰り返しになりますが、利益が出ていたとしても、資金繰りが回らなくなると潰れるのです。

手元流動性が低いときには、借金をしてでも、つまり自己資本比率を下げたとしても、手元流動性を増やす必要があります。この点は絶対に見誤ってはなりません。

第1章「バブル崩壊後の『貸しはがし』が再び起こる可能性も」でも述べたように、今後は金融機関の貸しはがしや貸し渋りが起こり始める可能性があります。特に有利子負債の多い会社は注意です。手元流動性にはより一層、気を配る必要があるのです。

業績が右肩上がりでも、自己資本比率は一定以上に高めておく

会社の安全性を見るとき、手元流動性、流動比率、自己資本比率の優先順位を守ることが重要であり、特に今後は手元流動性に注意しなければならないと説明してきました。ここで、さらに注意すべきことがあります。

それは、短期的な指標を安全水域に維持した上で、自己資本比率を一定以上に、高めておかなければならないということです。

先ほど、自己資本比率の目安として、製造業のように固定資産を多く使う会社は20％以上、商社や卸売業のように、在庫などの流動資産を多く使う会社は15％以上あるのが望ましいと述べました。そして金融や証券などの現金を扱う業種以外は、10％を切ると過小資本になります。

しかし、これは最低限のラインです。今後はもう少し高めに目標水準を設定しておくといいでしょう。

景気や企業の業績がずっと右肩上がりでしたら、極端な話、自己資本比率が1％でも問

題ありません。ただし、景気には必ず波があります。自己資本比率が最低水準ぎりぎりでは、不景気を乗り越えることはできないのです。

1995年から2000年代初頭にかけてITバブルが起こったことは、皆さんも覚えていらっしゃると思います。当時、こんなことが言われていました。

景気循環にはさまざまな学説があります。例えば、「コンドラチェフの波」と呼ばれるものは、画期的な技術革新が景気を牽引し、経済が拡大してゆき、やがて縮小局面に移っていくという大きな景気循環があるという考え方です。

あるいは、景気の波は企業の抱える在庫の増加と減少によって起こるという、「キチンの波」と呼ばれる考え方もあります。好景気になると、企業は一気に製品を作りますが、やがて需要減により在庫が増加するようになり、景気が悪化していくという理屈です。

このキチンの波が、景気循環論のなかでもっとも有力な根拠とされていましたが、ITには在庫が存在しません。だから、当時のITバブルは「ニューエコノミー」と呼ばれ、景気の循環がなくなるのではないかという仮説が生まれたのです。

しかしその後、何が起こったでしょうか。2001年、ITバブルはあっさりと崩壊したのです。

さらに2008年にはリーマン・ショックが起こり、未曾有の大不況が世界を覆いました。そして2020年には新型コロナウイルスの感染拡大によるコロナ・ショックにより、世界経済が一気に冷え込みました。その間の2011年には、日本で東日本大震災が起こりました。

つまり、景気の変動は必ず起こるのです。従って自己資本比率は、「常に」最低基準を超えてある程度まで高めておくことが肝要なのです。

好景気で業績が右肩上がりのとき、やり手の経営者ほど借入れをして積極的に投資をします。会社を拡大しようと躍起になり、「絶対にうまくいく」と思い込み、安全性を軽視するようになるのです。しかし、いいときほど気を付けなければなりません。

特に、これからは金利が上昇していきます。今まではゼロ金利が続いていましたから、多少無理をしても、設備投資をしたりM&Aをしたりしてでも会社を大きくすることができました。

しかし、自己資本比率が低い会社がこのスタンスで借入れと投資を繰り返せば、利益を安定的に出していたとしても、金利が上がったときに会社を潰すことになりかねないのです。ドラッカー先生の言うように「大きな会社より強い会社」を目指すことです。

これまで自己資本比率や流動比率などの安全性を測る指標を説明してきましたが、ぜひ、この知識を経営に活かしてください。「活かす」とは、注意すべき経営指標を、自社の経営を健全に運営するために使うのです。

例えば、自己資本比率をある一定以下にしない、手元流動性を最低でも必ず月商1カ月分以上確保する、などです。特に製造業は、サービス業と比べて利益のぶれが大きくなる傾向がありますから、自己資本比率20％という最低水準ではなく、30％以上を目指すようにするといいでしょう。

ここで大切なのは、その基準を決めたら、どんなことがあってもそれを割り込まないようにすることです。

景気のいい時には、銀行は「お金を借りてください」と言ってきます。先にも触れましたが、手元流動性が十分でなければ、自己資本比率を無視してでも借りた方がいいのですが、そうでなければ無理に借りない方がいいでしょう。ましてや有利子負債の多い会社が、借入れを行い、自己資本比率を大きく落としてまで投資をすることは、やめた方が賢明です。

経営者自身が基準をしっかり守ることができれば問題ありませんが、そうでない場合には、幹部がそのことを指摘しなければなりません。社長の意見を冷静に捉え、しっかり反対意見を述べてくれる幹部の存在は、会社にとっては非常に有り難いものです。

あるいは、コンサルタントや会計士、税理士をうまく活用するのも一つの手でしょう。ただ、中には「雇ってもらえれば良い」と考える意識の低い人も少なくありません。実績をきちんと見た上で選ぶようにしてください。

会社を潰す経営者の共通点とは――「ダム経営」を意識する

私は長い間、経営コンサルタントを務めてきましたが、その経験のなかで、会社を倒産させてしまう経営者にいくつかの共通点があることに気付きました。

それは、「明るく、元気で、大雑把で、見栄張り」な人。さらに「事業欲が強い」人です。

会社のお金を私利私欲で使うなどは論外ですが、事業に熱心で、過度に投資する人も怖いのです。特に金利が上昇する局面では注意が必要です。自己資本比率を無視して借入れを増やし、事業を拡大してきた社長が会社を潰したケースを何件も見てきました。

借入れは「レバレッジ」とも呼ばれ、テコの役割を果たします。景気や業績がいいときにはテコの原理が働き、何倍にも業績を伸ばせますが、リーマン・ショックやコロナ禍のように景気が逆回転したときには、一気に坂道から転げ落ちてしまうのです。

事業欲の強い経営者は、業績が右肩上がりのときには、この話になかなか耳を傾けません。しかし、私はいつも根気よく伝えるようにしています。その油断が、命取りになりかねないからです。

経営のことをよく分かっていない初心者やメディアは、「リーマン・ショックによる不況が原因となって会社が倒産した」「コロナ禍によって倒産件数が増えた」などと言います。確かにそれが引き金になったことは間違いないでしょうが、会社を潰す要因はその前から存在しているのです。

いつまでも好景気が続くことなどあり得ないということは、先にも述べたように歴史が証明しています。その点を肝に銘じ、会社の安全性を常に高めておかねばならないと留意し続けることが必要です。いつショックが起こっても、それに耐えられるだけの財務体質を持っておかなければなりません。

特に金利が上昇していきますと、有利子負債を多く抱える会社は余計にもろくなりますから、自己資本比率をある程度高めておくことは経営の大原則と言えます。

ただ、より本質的なことをいうと、そもそも目指すべきは「数字を気にすること」ではありません。究極的には「自己資本比率を気にしないぐらいの余裕を持った経営」が必要です。松下幸之助さんは、次のように述べていました。

「好景気だからといって流れのままに経営するのではなく、景気が悪くなったときに備えて資金を蓄える。ダムが水を貯め、流量を安定させるような経営をすべきだ」。

これがいわゆる「ダム経営」です。

景気が悪化したとき、余裕を持った経営ができずに資金繰り第一になってしまうと、お客さまに目を向けることもできなくなります。従業員を守ることも、幸せにすることもできなくなります。それどころか、最終的に従業員を解雇する事態になってしまいます。設備投資もできません。

これでは、景気が回復したときに従業員はいないし、資金もなく、設備も不十分といった状況ですから、お客さまは離れていってしまうでしょう。

一方、ダム経営によって、業績のいい間に余力を蓄えておくと、不景気になっても次の一手を打つことができます。

私のお客さまのなかに、機械の販売とメンテナンスを行う会社があります。リーマン・ショックが来たとき、この会社の機械の売上げが大幅に落ちてしまいました。不況になり、顧客である会社が設備投資を抑えるようになるからです。設備投資どころか、現状維持だけでも精一杯というケースも多かったといいます。

しかしその会社は、好景気の時に資金を貯めておいたので、余力がありました。

大不況の最中、その会社は、お客さまに何ができるかを考えました。不況になると多くの会社は設備投資を抑えるため、耐用年数が過ぎてしまった機械でも長く使いたいと考えるようになります。一方で、社内には人員が余り気味になっていました。

そこで従業員たちは、お客さまのところに出向き、機械を買ってもらうのではなく、稼働している機械を1年でも長く使えるようにメンテナンスをして差し上げたのです。

すると、お客さまからは大変感謝されたそうです。不況時であっても、お客さまのために良い仕事ができたというわけです。

やがて景気が回復してきた時に、お客さまは機械の買い替えを検討します。すると、景気が悪かった時に親切にメンテナンスをしてくれた会社を選ぶのは当然のことです。景気が良くなった時に誰が勝つかは、景気が悪い時にすでに決まっているのです。

どのような業種でも、景気の影響は必ず受けてしまいます。どんなに良い会社であっても、業種によっては不況になれば、買ってもらえないものは何をしても買ってもらえません。そんな厳しい時期でも余裕を持ち、次の一手を打てるかどうかは、「好景気の時に蓄えておいた資金」にかかっているのです。

経営指標を気にするよりも大切なのは、この「ダム経営」を目指すことだと私は考えています。それにより常にお客さまに目を向けていることです。良いときに資金を貯めておく習慣をつけておくことが大切です。

いざというときに「小さくなる」能力はあるか

2012年、シャープは急速に業績が悪化し、経営不振に陥りました。

2000年代には三重県亀山市にテレビ用液晶パネルの製造工場を建設し、約5000億円を投資して大きな話題を呼びました。特に2004年1月に稼働を始めた亀山第一工場は「世界の亀山」と称され、日本のモノづくりの象徴として注目を集めました。

この投資は見事に奏功し、2008年3月期には売上高3兆4177億円、純利益10

19億円という過去最高額を計上したのです。

ところがその後、シャープは苦境に立たされます。2000年代半ば、サムスンやLGなどの韓国や台湾の企業が積極的に設備投資を行い、液晶パネルの生産を増やしていったのです。ここからシャープは海外企業との熾烈な戦いに突入していきます。

韓国や台湾の企業よりも一歩先を行くため、シャープは巨額の設備投資を続けます。2009年10月には大阪府堺市の堺工場を稼働。パネル工場だけで3800億円、インフラ整備費もあわせると更に巨額の資金を要しました。

しかし、これは明らかに過剰投資でした。これほど大きな投資をしてしまうと、減価償却費などの固定費を減らすことはなかなかできません。しかも、堺工場のような液晶を作る装置は、使用可能期間がそれほど長くありませんから、償却期間が短くなります。

つまり工場を造ってしまったら、事業をやめない限り、多額の償却負担がかかり続けるのです。一度でも巨額の投資をしてしまうと、小さくなりにくいというわけです。

その後、シャープは2016年に台湾の鴻海精密工業に買収されることで一時的に窮地を脱しました。自社の力だけでは、経営危機から脱することはできなかったのです。

特に製造業は、景気循環の影響や製品の〝当たり外れ〟、あるいは熾烈な競争によって、業績が大きくぶれるという特徴があります。例えば、新しい技術が突然出てきた途端、それまでの技術が一気に陳腐化してしまう可能性がありますし、最先端の技術を持っていても、狙いが外れて需要が少なければ、売上げが伸びないこともあるのです。

しかも、液晶業界は多額の設備投資を必要としますから、市場の読みを見誤ると大きなダメージを受けてしまいます。シャープは堺工場だけでも３８００億円を超える投資をしました。成功すれば大きな利益が出ますが、失敗すれば巨額の損失は免れません。

確かに、当時のシャープは世界最先端の液晶技術を持っていましたが、それでも勝てるとは限らないのです。特に液晶はコモディティ化が進み、海外でも安くて高品質の商品が作られるようになりましたから、競争力が弱まっていました。最先端の技術でも差別化が難しくなっていたのです。

このように企業経営においては、「小さくなる能力を持つ」ことが重要です。借入れをしてでも、お金さえかければ、どんな会社でもある程度は拡大させることはできますが、大きくした事業をいざというときに縮小できるかどうか。ここが、明暗を大きく分けるのです。

一方で、シャープの競合であるソニーが打ち出したのは、「小さくできる戦略」でした。

以前はソニーも液晶を製造していましたが、液晶テレビの不振によっていち早く液晶から撤退し、液晶製造はライバルのシャープに任せました。何千億円もかけて液晶工場を建てるよりは、他社から液晶を購入した方がコストは少し高くてもリスクが低いと考えたわけです。つまり、液晶では勝てませんでしたが、失敗した時のロスの可能性を小さくしたのです。

巨額の投資の先が青天井で開けているのか、それとも崖っぷちの状況が待ち受けているのか。先行きを予測することは、業界に精通していても極めて難しいのが実状です。極端な話、やってみなければ分からないことも多いでしょう。ですから私は、会社は小さくなる能力を持っているかどうかが大切だと考えているのです。

「小さくなる能力」とは、外注を使って事業を縮小するという初歩的なことから、いざとなれば事業売却することまで、さまざまな方法があります。どのような手法であっても、「小さくなる能力」がないと、投資が失敗したときに一気に経営危機に陥ってしまう恐れがあるのです。

損益計算書は「収入－費用＝収益」のサイクルで構成されることを理解する

続いて、「損益計算書」の説明に移ります。収益性に関してとても重要な財務諸表です。第1章で、金利上昇に備えて経営者が最初に考えるべきことは「利益率の向上」であるということをお話ししてきました。特に有利子負債の多い企業では、喫緊の課題となります。

利益率を高めるためには、どこに着目すればいいのか。損益計算書の構造を見直すと、考え方がすっきりします。まずは損益計算書の基本を確認していきましょう。

損益計算書の構造は非常にシンプルで、基本的には「収入－費用＝利益」のサイクルが段階的に繰り返されています。図表2−2「損益計算書の構造」を見ながら読み進めてください。

日本基準の損益計算書では、このサイクルは大まかに次の4つに分けられます。

①本業での収益と費用（売上高～営業利益）
②本業以外で経常的に得る収益と費用（営業外収益～経常利益）

図表2-2　損益計算書の構造

売上高 －　売上原価 売上総利益 －　販売費及び一般管理費 営業利益	❶ 本業での収益と費用
＋　営業外収益 －　営業外費用 経常利益	❷ 本業以外で経常的に得る収益と費用
＋　特別利益 －　特別損失 税金等調整前当期純利益	❸ 一時的に発生した収益と費用
±　税金等の調整 当期純利益	❹ 税金などの調整

③一時的に発生した利益と損失（特別利益～税金等調整前当期純利益）
④税金などの調整（当期純利益）
①は、売上げから売上原価を差し引いて、売上総利益を計算し、そこから販売費及び一般管理費（販管費）を引いて、営業利益が出ます。この営業利益は、本業の儲けを表しています。
もし、これがマイナスになっていたら、本業での利益を出せていないということですから、企業活動に大きな問題があるということです。つまり、営業利益は「本業での実力値」と言えるのです。
②のサイクルにある「本業以外で経常的に得る収益と費用」は、「営業外収益」から始まります。ここには、貸したお金から得られる受取利息、所有する不動産の賃貸収入、所有する株式から得た配当金（受取配当金）のほか、関連会社が儲かった場合に配分される利益（持分法による投資利益）などが入ります。
「営業外費用」には、金融機関からお金を借りている場合や社債の支払利息、所有する海外資産が為替相場の変動によって含み損を抱えた場合の為替差損などが計上されています。

営業利益に営業外収益を足して、営業外費用を差し引いたものが「経常利益」です。これは営業活動に加え、通常の事業活動の結果、生み出される利益です。

③では、一時的に発生した「特別利益」と「特別損失」が記載されています。例えば、土地や工場などを売却した場合に入ってくる利益は、特別利益になります。もう少し詳しく述べると、保有する不動産などが「売却時の価格－購入時の価格」が黒字になった場合は、その金額が特別利益に計上されます。

一方、災害などで建物が被害を受けた場合にかかる費用や損失、事業の採算が悪化してリストラを行った場合にかかる費用などは特別損失に計上されます。

経常利益に特別利益を足し、特別損失を差し引きますと、「税金等調整前当期純利益」が算出されます。最後に住民税や法人税などの税金を調整して、最終利益である「当期純利益（損失）」が出るのです。

このように、「収入－費用＝利益」のサイクルが繰り返されていることを軸にして損益計算書を見るようにすると、数字を把握しやすくなります。

金利上昇局面では損益計算書の「経常利益より上」を見直す

損益計算書の構造を理解した上で、金利上昇局面で特に着目すべきポイントを指摘していきます。

特に、注意しなければならない勘定科目は「受取利息」と「支払利息」です（損益計算書では、営業外収益と営業外費用の中に含まれています）。

金利が上がると、預貯金がある場合には受取利息が増え、借入金などの有利子負債がある場合には支払利息が増えます。すると、有利子負債が多い企業では支払利息が増え、経常利益額を減少させることになります。

もし、皆さんの会社で有利子負債の金利が1％上昇したとすると、経常利益がいくらになるかを計算してみてください（受取利息は、支払利息ほどに金利は上昇しません）。有利子負債の多い企業では、経常利益が大幅に減少、場合によっては営業利益が出ていても経常利益は赤字ということにもなりかねません。

すると、損益計算書のうち経常利益より上の欄を見直して、その解決策を考えなければなりません。もちろん有利子負債が少ない会社でも同様の点を考える必要がありますが、有利子負債が多い企業では、金利上昇局面においては特に注意を要するのです。

それでは経常利益を黒字にするための対策について、具体的に考えていきましょう。

まずは一番上の「売上高」に着目してください。売上高が増加し、かつ、売上原価率（売上原価÷売上高）が変わらない場合、売上高増加分×（1－売上原価率）の分だけ売上総利益額が増加します。

原価率を抑える

もちろん、これだけでも利益は上がりますが、望ましいのは同時に原価率も抑えることです。そのためには、売上原価の見直しが必要になります。

製造業の場合ならば製造原価を見直します。つまり、製造に関わる原材料費、人件費、その他の経費の見直しを再度徹底的に行うのです。

卸売業や小売業の場合は、仕入れコストを下げる努力をしなければなりません。一度に大量に買うことで仕入れ値を下げる「ボリュームディスカウント」や、一定の数量や金額を上回る仕入れを行った場合に割り戻しが支払われる「リベート」などによっても、原価率を下げることは可能です。

ただし、ボリュームディスカウントを得るために仕入れだけ増加させて、販売数（＝売上高）が増えなければ、一時的に原価率は下がっても、結局在庫が増えてしまうことになることになります。

これでは、貸借対照表の左側の「資産」が膨らむこととなり、この分の資金負担、ひいては金利負担がかかることにもなりかねません。また、不良在庫を抱えるリスクもあります（この章の「在庫はキャッシュ」で、在庫の注意点について詳しく述べました）。

販管費も徹底的に見直す

当然のことながら、販管費の見直しも必要です。売上原価以外の費用はおおむね販管費となりますが、多額の費用が出ている費目のみならず、すべての費目を厳密に見直すことで、販管費全体の削減につながります。

特に接待交際費や会議費、広告宣伝費などは無駄に出費している場合を多く見かけます。また、交通費や通信費なども比較的見直しやすい経費です。もちろんそれ以外の経費でも、丁寧に見直してみると、意外なところで無駄なものが見つかることがあります。

このように、損益計算書では経常利益より上の欄に注意して、丁寧に見直すことから始めてみてください。

利益を増やす順番を間違えない

もし、皆さんの会社が経営危機に陥ったら、最初にどのような手を打とうとするでしょうか。少しの間、想像してみてください。

正解は、経費を削減して黒字を確保することです。こうして月次の業績が黒字になり、余裕が少し出たところで、次の戦略を打ち出します。ただ、経費を削減してばかりいては、会社がどんどん縮小してしまいますから、業績が回復したら収益を増やすために「お客さま第一」の視点で商品やサービスを展開することを考えるのです。

会社の利益を増やすためには、費用を削減するか、売上げを伸ばすかの2通りしかありません。注意しなければならないのは、順番を間違えないことです。

緊急の場合には、先にも述べましたように、第一に経費の削減。第二に売上げを伸ばす方法を考えます。この順序を決して間違えないようにしてください。

腕の悪い経営コンサルタントは、経営危機に陥った会社に向けて、「気合いを入れて売上げを伸ばしましょう」とか「マーケティングを行って、新しい商品を開発しましょう」などとアドバイスすることがあります。

会社が黒字か十分な資金があれば、資金的にも時間的にも余裕がありますから、「お客さま第一」を徹底して、さらに収益を上げることを考えます。もちろん、無駄を減らし、生産性を高める努力も同時に行います。

逆に、赤字に陥って資金的余裕がなくなり、立て直す局面になった場合は、真っ先に費用を削減することです。その後に、お客さまに喜んでもらえる商品やサービスを開発するのです。どちらも大切なことですが、順番を間違えないことです。

金利上昇局面で重要になる経営指標――インタレスト・カバレッジ・レシオって？

私は経営コンサルタントとして、お客さまである中堅・中小企業の経営者や幹部の皆さんに向けて定期的にセミナーを開催しているのですが、そのなかで年に一度、会計や財務を教えています。もちろん、その年に合わせてカリキュラムを調整しており、今と昔では少し異なる点もあります。

例えば、昔は「インタレスト・カバレッジ・レシオ」という指標を丹念に説明していました。インタレスト・カバレッジ・レシオとは、債務の返済能力を測る指標で、年間の事業利益（営業利益と受取利息と受取配当金の合計）が金融費用（支払利息と割引料の合計）の何倍あるかを計算したものです。つまり、以下の式で算出します。

インタレスト・カバレッジ・レシオ＝事業利益÷金融費用

営業利益より支払利息の方が多かったら、経常利益は赤字になってしまう可能性がありますから、金利が高い時代はインタレスト・カバレッジ・レシオを注視しなければならなかったのです。

しかし、超低金利時代に突入してからは状況が一変しました。一部の財務内容が悪い会社を除けば、支払利息や受取利息などほとんどありませんから、この指標を考慮する必要がなくなったのです。私のセミナーでも、長い間、この指標の説明を割愛するようになっていました。

ところが、これからは金利が上昇していくのですから、この指標が重要になってきます。

一般的には、インタレスト・カバレッジ・レシオは1倍を超えていることが必要とされています。問題があるとされるのは1倍以下の水準です。

なお、3年以上にわたって、インタレスト・カバレッジ・レシオが1倍未満の状況が続く企業は、「ゾンビ企業」と定義されています。これまでの異常な低金利下にも関わらず、日本国内の全企業のうち10社に1社ほどはゾンビ企業といわれており、今後はさらに増えるとの見通しもあります。

現在、借金をして何とか生き延びている企業も、これから金利が上昇してくれば、当然ながら経営が厳しくなるでしょう。

デット・エクイティ・レシオにも注意

さらに注意すべき指標として「デット・エクイティ・レシオ（D／Eレシオ）」（負債資本倍率）があります。これは財務状況の安全性を見るための指標の1つで、有利子負債

（返済義務のある負債）が自己資本の何倍あるかを示すものです。

デッド・エクイティ・レシオ＝有利子負債÷自己資本

という式で算出されます。私の感覚では、1倍を超えると少し厳しく、2倍を超えると倒産の確率が高いと見ています。

ただ、これまでのような低金利下では、2倍を超えていても経営が回っている企業が少なくありません。金利を支払う必要がありませんから、生き長らえてしまっているのです。ところが、今後は金利が上昇していきますから、この指標もインタレスト・カバレッジ・レシオと同様に注視していかねばなりません。

金利上昇局面で重要になる指標の3つ目として、「営業利益と経常利益の差」も挙げておきます。支払利息が多かった時代は、営業利益と経常利益との間に極端な差が生じることがありました。

一方で低金利時代では、営業利益と経常利益はほぼイコールとなっています。別の言い方をすれば、低金利時代では預金金利もほぼゼロですから、財務内容の優劣が出にくいのです。

しかし、今後は損益計算書のうち営業利益より下の部分、つまり、受取利息などを含む営業外収益や支払利息などを含む営業外費用にも注意する必要があるのです。

第1章「バブル崩壊後の『貸しはがし』が再び起こる可能性も」でも触れましたが、金融機関は貸出先企業の純利益が3期連続で赤字になると、融資を引き揚げる恐れがあります。

従って、営業利益のみならず、経常利益、純利益もすべてをプラスにしておかなければ、金利が一定以上まで上昇した時、突然貸しはがしを迫られる可能性があるのです。

しかも、金利上昇は1％程度では済まない可能性があります。1・5％から2％ほど上がることも十分考えられます。また、政策金利が引き上げられると、当然のことながら金融機関は、特に財務内容の悪い貸出先企業には金利の上げ幅をさらに大きくすることも考えられます。

余談ですが、市中金利が1％上がっても、預金金利はそれ以下しか上がりません。金融機関は、金利上昇局面で利ざやを増やそうとするからです。金利上昇局面で銀行業の株価が上がっているのはこれが理由です。

金利が上昇してくるこれからの時代に向けて、すべての企業、特に有利子負債を多く抱える企業は利益率を高めていかなければなりません。その対策の第一段階として、先に説明した貸借対照表や損益計算書での財務内容を見直すとともに、これらの指標も忘れずに注視してください。

ROE経営からROA経営へ

2015年前後から「ROE（自己資本利益率）」が注目されるようになり、今では業種を問わず、多くの上場企業がROE目標を定めています。私のお客さまの企業のなかでも、ROEを重視する人たちが少なくありません。

なぜかというと、あらゆる経営指標のなかでも、株主がROEを重視しているからです。

ROEを見れば、企業が株主から預かったお金（自己資本）で、どれだけ効率よく経営しているか（利益を出しているか）が分かるからです。するとROEの低い会社は株価が低迷しやすくなり、企業の時価総額も小さくなります。従って、経営者、特に上場企業の経営者はROEを無視できないのです。

しかし、結論から述べますと、企業経営で最重視すべきなのはROEではなく「ROA

（総資産利益率）」です。「ＲＯＡを上げていけば、ＲＯＥも上がっていく」という考え方が、健全な経営のベースとなるのです。特に金利がある時代はなおさらです。

どういうことか、詳しく説明します。まず「ＲＯＥ（自己資本利益率：Return On Equity）」とは、自己資本を使って、どれだけリターン（利益）を稼いでいるかを見る指標で、次の式で算出します。

ＲＯＥ＝当期純利益÷自己資本

このＲＯＥを高めるには、次の２つの方法があります。

①分子である「当期純利益」を上げる

②分母である「自己資本」を減らす

２つの方法のうちどちらがいいかと言うと、当然のことながら、うまく経営をして純利益を上げることでＲＯＥを高める①です。ただ、実際に多くの企業がやっているのは、②の方法である「自社株買い」なのです。

例えば、企業が自社株買いをすると、その分、貸借対照表の純資産の部にある「自己株式」がマイナス額として計上されます。なぜならば、企業は購入した自社株を一旦は保有し続けるのが一般的ですが、将来的には消却してしまうことが多いからです。

このように自己株式が減るということは、ROEの計算式の分母である「自己資本」も減りますから、結果的にROEが高まるのです。

自社株買いの後で自社株が消却されますと、発行株数が減り、1株あたりの純利益が増えます。1株あたりの純利益は配当の源泉ですから、これが増えれば株価は上がりやすくなり、株主にとってはリターンが増える。だから株主は高いROEを評価するのです。

ただし、問題もあります。自社株買いを行うとROEは高まりますが、純資産が減るわけですから、中長期的な安全性を示す「自己資本比率（純資産÷資産）」は下がってしまうのです。自社株購入のための現預金も減少します。

これと同様に、人件費などのコストを一気に削減しますと、すぐに純利益を増やせます。するとROEも高まりますが、その反面、企業価値を生み出す源泉である従業員たちのモチベーションを下げてしまったり、優秀な従業員が辞めたりするケースがあるのです。

このように手っ取り早くROEを高めようと自社株買いやコストカットをやりすぎると、中長期的な財務安定性が崩れてしまったり、従業員に配慮した経営ができなくなってしまったりします。これでは、いくらROEを高めても優良企業であるとは言えません。

経営手法としても健全ではありません。

あくまでも①の方法のように、純資産を減らすことなく、また過度なコストカットをせずに純利益だけを上げていかなくてはならないのです。

では、健全な経営をしながら利益率を高めるために、最重視すべきなのはどの指標なのでしょうか。先にも触れましたように、私はROEではなく、「ROA（総資産利益率：Return On Assets)」だと考えています。

ROAとは、企業が資産に対して、どれだけの利益を生んでいるかを示す指標です。次の式を使って計算します。

ROA＝利益÷資産

ここでの「利益」とは、損益計算書の営業利益、経常利益、当期純利益、どれを使ってもかまいません。資産を使って、本業でどれだけ利益を稼いでいるかを知りたいのなら、営業利益を使います。株主に帰属する利益と比べたいのなら、当期純利益を使えばいいのです。

どの利益を使うにしても、ROAが高い企業ほど、資産あたりの利益を効率よく稼いでいる企業と言えます。

なぜ、このROAが重要なのでしょうか。途中式は複雑になるのでここでは割愛しますが、ROEとROAの関係は次の式で示されます。

ROE＝ROA×財務レバレッジ

この式を見ると、ROEを高めるには次の2つの方法があります。

①ROAを高める

②財務レバレッジを高める

この「財務レバレッジ」とは、「資産÷自己資本」で計算される指標です。よく見ると、「自己資本比率（自己資本÷資産）」の逆数になっていますね。

つまりROEは、同じ利益を出していても、自己資本比率が低いほど高まると言えるのです。これは、先ほどの「手っ取り早くROEを高めようと自社株買いやコストカットをやりすぎると、中長期的な財務安定性が崩れてしまったり、従業員に配慮した経営ができなくなってしまったりする」ということがここでも適用されます。

私は、ROEを軽視すべきとは考えていません。むしろ逆であり、株主還元のためにROEは高めるべきです。

ただし、大事なのは優先順位です。①の方法のように、第一にROAを高め、それによってROEを高めなければならないのです。単純にROEだけを高めようとして財務レバレッジを上げる、つまり財務安定性を下げるのは、経営上、問題が生じる恐れがあります。経営者は、この点に注意しなければなりません。

自己資本比率の高い会社は、自社株買いなどをして、多少、自己資本比率を落としても問題ありませんが、大原則として経営者はROEよりもROAを高めることを念頭に置くべきです。

ROEよりもROAの方が重要である理由は、もう1つあります。

経営者は資産を賄うために、負債と純資産によって資金調達をしていると述べました。ですから、経営者は負債と純資産の両方に対して責任があり、それに見合ったリターンを出さなければなりません。それを示す指標が、ROAなのです。そして金利がある時代の経営では、負債の調達コストは金利ですから、ROAに十分注意しなければならないのです。

こういった理由から、経営者はROAを最重視すべきだと私は考えています。ROEを第一優先にするということは株主ファーストと同義であり、負債を提供する社債権者や金融機関は二の次であるともとれます。これは負債提供者に対して大変失礼な考え方ではないでしょうか。そして、財務的にも有利子負債のコストにも十分注意した経営を行うということです。（次の項で説明するWACCとも大いに関係します。）

残念なことに、多くの経営者はROEばかりに着目しています。貸借対照表の本質を理解していないからでしょう。しかし、本来目指すべきは「ROAを高めることによってROEを高める」ことです。ここで何度も述べたように、金利が上昇すると、なおさらROAを意識しなければ、生き残りが難しくなるのは間違いありません。

厳しい時代に突入するからこそ、本質を見失わず、経営に対する健全な考え方を持つことが肝要なのです。

金利上昇局面ではWACCが上がる——高いROAが求められる

では、企業はどのぐらいのROAを目指せばいいのでしょうか。結論から申し上げますと、その基準となるのが「WACC（Weighted Average Cost of Capital：加重平均資本コスト）」です。

WACCとは、「資産を賄うための資金（負債と純資産）を調達するときにかかるコストが何%あるか」の指標です。「負債の部」と「純資産の部」は、資金をどのように調達したかを表していると述べましたが、資金調達にはコストがかかります。

負債の調達コストは、無利子負債はゼロですが、有利子負債は金利となります（正確には、負債の調達コストは有利子負債と無利子負債の調達コストを加重平均したもの）。

純資産の調達コストは、一般的には「株主の期待利回り（国債金利＋α）」と言われています。そもそも純資産とは、株主が会社に預けているお金です。もし、そのお金が国債金利と同じ程度の利回りでしか運用できないのだったら、株主、特に機関投資家は国債等で運用すればいい話になります。

わざわざリスクのある企業に預けているからには、「国債金利＋α」の利回りがあると期待されており、それが「株主の期待利回り」となります。

負債の調達コストをX%、純資産の調達コストをY%として、それらを加重平均したものが負債と純資産の調達コスト、つまりWACCになります。

通常は、負債の調達コスト（X%）よりも、純資産の調達コスト（Y%）の方が高くなります。そのため、自己資本比率が高くなると（つまり、純資産の割合が大きくなると）、会社のWACCも高くなるのです。もちろん、有利子負債の金利が高くなるとWACCも上昇します。

もう少し踏み込みましょう。WACCが高くなると、会社はどのような状況になるでしょうか。

WACCは、資産を賄うための資金（負債＋純資産）の調達コストですから、その資産を使って得るべき利益率（ROA）も、それに応じて高くなります。つまり、WACCが高くなれば、より高いROAを期待されるということです。

ここでもう一度、ROAに注目します。資産に対する利益率が「ROA（利益÷資産）」でした。このROAは、WACCより高くなければならないと言えます。資産を賄うための調達コストよりも、高い利益率を出すことが求められるからです。

注意しなければならないのは、金利が上昇すると、WACCも上昇するということです。負債の調達コストが上がるわけですから、当然の話です。金利上昇によって、より高い利益率が求められるということが、ここからも言えるのです。

一般的な会社であれば、営業利益ベースでのROAは5％程度出ていれば合格です。ROEは、純資産（≒自己資本）の調達コスト（株主の期待利回り＝国債金利＋α）よりも高い必要がありますが、10％以上なら、まず問題ないでしょう。

特に上場している会社の場合は、経営者はROAやWACCの数字に敏感です。優良企業になるほど重視していると思います。しかし、こういったところを全く考えない経営者がたくさんいるのも事実です。それは非常に危険なことだと私は危惧しています。

先にも述べましたが、金利上昇局面では特にROAとWACCの指標が重要になります。経営指標の意味や数字の目安を知っているのと知らないのでは、会社の経営の〝精度〟に差が出ますから、ぜひ基本を覚えて理解し、これからの経営に生かしてください。

投資にはROICも重要

続いて着目するのは、投資です。将来、利益を生み出すためには設備投資が必要ですし、M&Aという投資もありますが、過剰に投資してしまうと資金繰りが悪化してしまいますし、金利のある世界では金利の負担が大きくのしかかることにもなりかねません。では、どのぐらいまで設備投資を行えばいいのでしょうか。また、投資からどれくらいのリターンを求めるべきでしょうか。

投資の限度額については、先に説明した「自己資本比率」が大きな判断材料となります。特に有利子負債で資金を調達する際には、ある一定の自己資本比率を割り込まないようにするのが鉄則です。製造業などの固定資産を多く使うところでは20％、卸売業などでは15％が最低限必要という説明をしましたが、「自社の基準では30％が最低」と決めているのならそれを割り込まないことです。

投資のリターンについては、その指針となるのが、「ＲＯＩＣ（Return on Invested Capital：投下資本利益率）」です。

ＲＯＩＣとは、企業が事業活動に投資したお金に対して、どれだけ効率的に利益を生み出したかを測る指標で、次の式を使って求められます。

ＲＯＩＣ＝税引き後営業利益÷投下資本

少しややこしいのは、この「投下資本」です。投下資本とは、企業が事業に投資したお金のことですが、実際のところ、資産全体のうちどこからどこまでが利益を生んでいるかを判断するのは非常に難しいのです。ただし、管理会計が徹底している会社や新規投資の場合には、ある程度正確に投下資本を計算することはできます。

ＲＯＡは「利益÷資産」で計算され、すべての資産がどれだけの利益を生んだかを見る指標でしたね。一方でＲＯＩＣは、企業が個別に投資したお金がどれだけの利益を生んだかを見る指標です。

また、先ほど金利上昇局面において、ＲＯＡはＷＡＣＣを超える水準が求められると述べましたが、これと同じように設備投資などをする際も、ＲＯＩＣがＷＡＣＣを上回っているかどうかを考えなければなりません。

ＲＯＩＣがＷＡＣＣを上回っているということは、個々の投資が負債と資産の調達コスト以上のリターンを生み出しているということですから、会社にとって価値を生み出していると判断できるのです。ただし、会社には独身寮など利益を生み出さない資産もあるので、ＲＯＩＣはＷＡＣＣより高めに基準値を設定する必要があります。

しかも金利が上昇していきますと、資金調達コストが上がり、ＷＡＣＣが上がっていきます。すると、ＲＯＩＣもさらに高めの目標を設定しなければならなくなります。

投資案件については全体的なリターンを見るだけではなく、一つひとつの投資に関しても十分なリターンが得られるかどうか、ＷＡＣＣを十分に上回るＲＯＩＣがあるかどうかを見ていく必要があるのです。

キャッシュ・フロー計算書と3つのキャッシュ・フロー

キャッシュ・フロー計算書の読み方とポイントについても簡単に触れておきたいと思います。中小企業の場合、キャッシュ・フロー計算書を作っていないところが多いと思いますが、資金の流れを見やすくするためにも作成することをお薦めします。

「キャッシュ・フロー計算書」とは、会社のキャッシュ（現預金）の流れを表した財務諸表で、「営業活動」「投資活動」「財務活動」という3つのセクションに分けてまとめられています。

「営業キャッシュ・フロー」は、通常の営業活動によってどれだけのキャッシュを得たか、あるいは失ったかを表します。営業キャッシュ・フローの根幹は最終利益ですから、これがマイナス続きでは事業を継続することはできません。まずは、営業キャッシュ・フローがプラスになっているかどうかが重要です。

もちろん、投資キャッシュ・フローや財務キャッシュ・フローなどでもキャッシュを稼ぐことは可能ですが、その手法は資産の売却や借金、増資などですから、健全性という観点から考えると問題がある場合があります。営業キャッシュ・フローを十分に稼ぐ必要があるのです。

では、どれだけの営業キャッシュ・フローを稼げればいいのでしょうか。

会社がキャッシュを作り出す力を測るための指標に、「キャッシュ・フローマージン」があります。売上高に対する営業キャッシュ・フローの比率を計算したもので、次の式で算出します。

キャッシュ・フローマージン＝営業キャッシュ・フロー÷売上高

私の経験では、7％以上あれば合格と見ています。まずは、この水準を目指してください。

（中小企業などでキャッシュ・フロー計算書を作成していない会社では、純利益に減価償却費を足し戻すことで、簡易的に営業キャッシュ・フローとみなすこともできます。これをベースにキャッシュ・フローマージンを計算してください。）

そして、言わずもがなですが、キャッシュがなくなると、会社は倒産の危機に瀕します、倒産までは至らなくとも、会社が固定資産を買ったり、M&Aをしたり、借金を返済したりすることができるのは、源泉となる営業キャッシュ・フローをきちんと稼ぐことが大前提なのです。

「投資キャッシュ・フロー」は、投資活動によってどれだけのキャッシュを使ったか、あるいは回収しているかを表します。投資には、設備投資などのほかに、金融商品の売買といった財務的な投資も含まれます。通常の場合には、投資をすれば資金が出ていきますから、投資キャッシュ・フローはマイナスになります。

特にチェックしていただきたいのは、設備投資にあたる「有形固定資産の取得による支出」が減価償却費よりも多いかどうかです。通常では、減価償却費と同じぐらいの再投資をしなければ、現在の事業を維持することすらおぼつかなくなるからです。

「財務キャッシュ・フロー」は、財務活動によってどのぐらいの資金を得ているか、あるいは使っているかを表します。ここは主に2つのセクションに分かれています。

1つはファイナンスです。お金を借りたり、増資をしたりして資金を得ている場合にはプラスになります。逆に、資金を返済すればマイナスになります。金利が高い状態で有利子負債による資金調達を続けている（＝財務キャッシュ・フローがプラスの状態が続く）と財務内容が悪化するとともに、金利負担が将来にわたり増えるリスクがあるということです。

財務キャッシュ・フローのもう1つセクションは株主還元です。配当や自社株の買い入れなどをどのぐらい行っているかは、ここで見ることができます。配当や自社株買いを行えば、キャッシュ・フローはマイナスになります。

正しい財務キャッシュ・フローの動きは、借り入れを返済しながらも、株主にも還元していかなければなりませんから、マイナスになります。逆に借り入れればかり増やして、株主還元をそれほどやらなければ、プラスになります。こちらは伸び盛りで投資が旺盛な企業ならともかく、健全な形ではありません。もちろん伸び盛りの会社でも投資キャッシュ・フローに表れる投資額に注意しなければなりません。

利益とキャッシュ・フローは違う

損益計算書上で利益が出ていても、売掛金を回収していなかったり、在庫が増加していたりする場合は、営業キャッシュ・フローがマイナスになることもあります。

第2章の「在庫はキャッシュ」でも触れましたが、「利益とキャッシュ・フローは違うものである」という認識が必要であり、利益も営業キャッシュ・フローもプラスにしなければなりません。どちらかがマイナスになっていると、黒字倒産の恐れがあるからです。

先にも触れた病院や介護事業などの売掛金の多い業種は、利益が薄い場合には営業キャッシュ・フローがマイナスになることがありますから、特に注意が必要です。営業キャッシュ・フローをプラスにすることが大切です。

正しいキャッシュ・フロー経営とは――「稼ぐ」と「使う」

キャッシュ・フロー経営の大原則は、「稼ぐ」と「使う」です。

営業キャッシュ・フローが「稼ぐ」の根幹ですから、まずは営業キャッシュ・フローを稼いで十分な（キャッシュ・フローマージンで7％以上）のプラスにする。そして「使う」とは、主に投資キャッシュ・フローでの未来への投資、財務キャッシュ・フローでの財務の改善、株主還元です。もちろん、「使う」お金は、営業キャッシュ・フローの範囲内に抑えることが望ましいと言えます。そうでなければ、資産の売却（投資キャッシュ・フロー）、あるいは資金調達（財務キャッシュ・フロー）ということになります。

つまり、営業キャッシュ・フローで稼いだお金を、未来への投資に使う。さらに余ったお金を、財務改善や株主還元に使う。これらを適切に配分することが、正しいキャッシュ・フロー経営と言えます。

まとめますと、次の式のような状態を維持すれば、会社は「強く」なっていきます。

営業キャッシュ・フロー＞投資キャッシュフロー（のマイナス分）＋財務キャッシュフロー（のマイナス分）

ここでのポイントは、会社を「大きく」ではなく、「強く」するという点です。先にも述べたように経営コンサルタントのピーター・ドラッカー先生は、「大きな会社よりも強い会社を目指すべきだ」と説いています。会社の規模を大きくすることよりも、事業という意味でも財務的な意味でも強い会社をつくる方が大切なのです。

特にこれからの時代は、金利が上昇するだけでなく、競争も激化していく可能性が高いですから、「強い会社をつくる」という視点を持って経営することがなおさら重要になります。「稼ぐ」と「使う」をきちんと見ながら、強い会社を目指してください。

強い会社の作り方は、次章で詳しく説明します。

第3章

利益率を高めるための経営戦略

先に金利のある時代に入ると、利益率の向上が必要になると述べました。では、利益率を高めるためには、どのようなことに注意すればいいのでしょうか。第3章では、競争環境がますます厳しくなるこれからの時代における戦略立案の手法について詳しく解説します。

「経営」という3つの仕事

これまで金利のある時代における経営手法について会計や財務を中心に多くの視点から説明してきましたが、ここで一度、原点に立ち返りたいと思います。経営の原点です。それをきちっと見直すことが、当然結果的に利益率の向上につながります。

世の中には、「経営」という仕事が存在します。特に中小企業の社長は、商品の販売や営業、製造などの現場仕事もやらなければなりませんが、それだけでは会社は長期的には立ち行かなくなってしまいます。

では、「経営」という仕事は具体的には何をすることなのでしょうか。私は次の3つと定義しています。

1　企業の方向付け
2　資源の最適配分
3　人を動かす

それぞれ詳しく説明していきます。

1　企業の方向付け

3つのなかで一番大切なのは、この「企業の方向付け」です。「何をやるか、やめるか」を決めることであり、大きなものは「戦略」、小さなことは「戦術」です。方向付け、特に大きな方向付けによって会社の命運の8割が決まると言っても過言ではありません。

方向付けを誤ると、どんなに従業員が頑張っても結果が出てきませんし、会社そのものが崖から転落してしまうことにもなりかねません。逆に方向付けが的中すれば、飛躍的に事業を伸ばすこともできます。私はこれまで多くの会社を見てきましたが、方向付けを間違わないことが何よりも重要だと感じています。

正しい方向付けをするために必要なのが、ドラッカー先生が言うには「目的」「環境」

「強み」です。

「目的」とは、企業の存在意義です。何のためにその企業が存在するかということです。それに関連して、「ミッション・ビジョン・ウエイ」の定義が必要です。ミッションとは、会社の特有の使命や存在意義。ビジョンとは、ミッションを基盤とした会社の将来像。長期的にどうなりたいかということです。ウエイとは行動規範、いわゆる理念です（詳しくは後の「ぶれない経営のための『ミッション、ビジョン、ウエイ』」で説明します）。

「環境」とは、外部環境の分析です。自社を取り巻く環境、主に「お客さま」「ライバル社」「テクノロジーの変化」「代替品」「マクロ経済と地域経済」「法規制」などの要素について分析します。

「強み」とは、自社が他社よりも秀でているところ、他社と違うところです。これを具体的に見極めることを「内部環境分析」と呼びます。

内部環境分析は、主にヒト、モノ、カネのほか、会社が持つ技術やコンピュータシステム、顧客など、自社の資源をライバル会社と比較して分析することです。そのうえで、自社の「強み」を掘り下げていきます。

外部環境分析と内部環境分析については、詳しくは後に「正しい戦略を立てるための

『外部環境分析』と『内部環境分析』」で説明しますので、ここでは概要だけ触れておきます。

まとめますと、経営者にとって最も大切な仕事である「企業の方向付け」とは、ミッション（存在意義）、ビジョン（会社の将来像）、ウエイ（理念）を明確にして社内に浸透させ、外部環境と内部環境を分析し、自社の強みを見極めて、具体的な戦略、戦術を決めていくことなのです。ここを間違ってしまうと、どんなに優秀な人材が集まっていても会社はおかしくなってしまいます。

「方向付け」は言葉にするとシンプルですが、実践することは容易ではありません。具体的にどのようにするかは、本章の後の項目で事例を用いながら詳しく説明していきます。

なお、経営を「執行」や「管理」だと考えている経営者が散見されますが、それは少し間違っています。執行や管理は、正しい方向付けができている前提で、初めてパフォーマンスを発揮するものなのです。逆に言いますと、方向付けを誤ったまま執行や管理を行うと、会社は早い段階で経営危機に陥ってしまう恐れがあります。

執行や管理は、部長以下でもできる仕事です。繰り返しになりますが、経営者にとって最も大切なのは「方向付け」、つまり「何をやるか、やめるか」を正しく決める判断能力なのです。

この判断能力を養うためには、経営者が勉強し続けることが必要不可欠です。詳しくは第4章の「経営者がやらなければならない3つの勉強」で説明します。

2 資源の最適配分

2つ目は、「資源の最適配分」です。シンプルに言えば、ヒト、モノ、カネ、経営者の時間などの資源を適切に配分することです。

これには2つのポイントがあります。まずは、「長所を活かす」こと。例えば、高スペックのパソコンを購入したとしても、メモ帳を立ち上げて文字を打ち込むだけでは、その性能を活かすことはできません。人材に対しても同様で、その人の長所を活かすことが大切です。少々尖った人がいても、いいところをうまく使えるかどうかが経営者の腕の見せどころなのです。

人のいいところを使える経営者には、ある特徴があります。それは、「人を心から褒めることができる」人。時々、人をけなしてばかりいる経営者を見かけますが、それは人の悪いところしか見えていないからです。それでは人材を活かすことはできません。

もう1つのポイントは、「公私混同をしない」ことです。先ほど、「最も大切な経営者の仕事は方向付けであり、実践するのは容易ではない」と述べましたが、場合によってはこちらの方が難しいケースもあります。

なぜかといいますと、人間はどうしても「私利私欲」が働いてしまうからです。すべての経営者は、常に公私混同をしてしまう自分と戦わなければならないのです。大企業でも中小企業でも、会社がうまくいかなくなる大きな原因の一つはリーダーの公私混同です。オーナー経営者でもサラリーマン経営者でも同様です。

経営や生き方の勉強を十分にしていない人が組織の上に立つと、自分の利益を優先しようと考えてしまう傾向があります。当然のことながら、トップがそのような状態では、会社は少しずつ傾いてしまうでしょう。そんな経営者を、従業員もお客さまも社会も好まないからです。

経営者および経営幹部になると、人事、資金、時間、さまざまなものを動かす権限が増えていきます。そのときに「自分の都合のいいように使ってしまおう」と先に考える経営者には、人は付いてきません。組織の求心力も落ちます。その結果、お客さまも取引先も離れていき、業績も悪化していくのです。

一部の中小企業では、経理に身内を置き、経営者が自宅で使う家電製品などまでを会社の経費で購入するケースもあります。さらには家族旅行の費用、プライベートの飲食費なども会社の経費で落としてしまう。社用車に乗って、プライベートでゴルフに行ってしまう。ひどくなると、私用で使う高級車まで会社のお金で買ってしまう。こんな経営者からは、人はどんどん離れていくでしょう。

もちろん、誰もが聖人君子になることはできません。だからこそ、成功する生き方や考え方を学び続けることが大切なのです。

では、経営者が目指すべきところはどこなのでしょうか。それは、「いい会社をつくり、利益を上げ、その結果、給料をたくさん取ること」。いまよりさらに良い会社を築いて、利益をたくさん出し、給与をたくさんもらうのです。そして疑義のあるものは自分で払うか、個人会社をつくってその経費を使う。こうすれば、誰も文句は言わないでしょう。

ただ、「どこまでが公私混同でどこまでが仕事なのかは、判断が難しいケースがある」と考える人もいるでしょう。

公私混同かそうでないかの判断基準は、非常にシンプルです。それは、「自分と同じことを部下がやっても、許せるかどうか」です。

数百円の文房具代であっても、数千円の飲食費であっても、1000万円以上する高級車であっても、基準は同じです。家族や友人との食事代を会社の経費にすることを部下に認めていないのなら、自分のプライベートの食事代を経費にしてはいけません。

このような基準を明確に定めておくと分かりやすいと思います。大切なのは、間違った基準を持たないことです。どこかで道を踏み外さないためにも、成功するための基準や考え方、生き方のような「原理原則」の勉強を積み重ねていくことが肝要です。

3 人を動かす

人を動かすことは、経営にとって非常に大切な要素になります。同業で同じようなビジネスをやっていても、業績に大きな差が出るのは、従業員への「徹底」を含め、「行動」や「意識」の差が会社によって異なるからです。

人を動かすためには、リーダーに2つの覚悟が必要だと私は考えています。

1つは、「指揮官先頭」。

私の尊敬する経営コンサルタントの一倉定先生の言葉に、「評論家社長が会社を潰す」というものがあります。会社のことをまるで評論家のように論評してばかりで、先頭に立って具体的に行動しようとしない経営者は、会社を潰してしまうという意味です。

成功するかどうかは、本気で先頭に立って行動するかどうかにかかっています。論評するだけなら誰にでもできることです。特に、否定的な論評をするのは簡単でしょう。しかし、経営者として重要なのは、「論評より行動」です。「実践して、結果を出す」ことなのです。

「何をやるか、やめるか」という方向付けを定めたら、すぐに具体的な計画に落とし込み、実行します。実行したら、結果を検証し、改善策や推進策を練って再び実行する。このサイクルを繰り返して先頭に立って指揮を執るのが、経営者の仕事です。

もう1つは、「責任を取る」覚悟です。自分の管理下にある組織や従業員たちについて、経営者がすべての責任を取る覚悟がないと、部下は思いきって仕事をすることができません。

こちらも一倉定さんの言葉ですが、「電信柱が高いのも、郵便ポストが赤いのもすべて社長の責任と思え」というものがあります。高い電信柱を建てたのは電力会社、郵便ポストを赤く塗ったのは日本郵政ですから経営者のせいではないのですが、そのぐらいすべての事柄に対して責任を取る覚悟がなければリーダーは務まらないと説いているのです。少なくとも自社内で起こったことには責任を取らなければなりません。

これら2つの覚悟は普段から意識して実践していなければ、いざとなったときに動くことはできません。例えば車を運転していて、危ないと思ったら無意識のうちに右足でブレーキを踏むはずです。それは、普段から十分に訓練し、習慣化しているからです。

何も考えずに体も心も動くように習慣付けておかなければ、突発的な問題が起こったとき、覚悟を持って動くことはできないのです。

ぶれない経営のための「ミッション、ビジョン、ウエイ」

前の項目「『経営』という3つの仕事」で、経営のうち最も大切な仕事は「会社の方向付け」であると述べました。ここでは、会社の方向付けのベースとなる「目的」を考える際に根幹となる3つの要素「ミッション、ビジョン、ウエイ」について詳しく説明します。

「ミッション」とは、会社は何のために存在しているのかという、会社の「使命」です。

そのミッションは、経営者の志に裏付けされていなければなりません。

会社のミッションについて、ドラッカー氏の著書『マネジメント［エッセンシャル版］』（ダイヤモンド社）には、次のように書いてあります。

「マネジメントには、自らの組織をして社会に貢献させるうえで三つの役割がある。」

続けて、その役割とは次の3つと説いています。

「1　自らの組織に特有の使命を果たす。

2　仕事を通じて働く人たちを生かす。

3　自らが社会に与える影響を処理するとともに、社会の問題について貢献する。」

これら3つを、自社の事業などに合わせて「ミッション」として定義しなければなりません。それを全社員と共有するのです。

2つ目の「ビジョン」とは、ミッションを基盤とした会社の将来像です。「長期事業構想」と言い換えることもできます。経営者は、会社の将来をどこまで長いスパンで考えているかが重要です。志の高い経営者は、10年後、20年後などの遠い将来を描くことができます。そうしないと、若い社員は不安になります。

3つ目の「ウエイ」は、行動規範です。「理念」と言い換えることもできます。ビジョンを実現するために、会社の使命を果たすために、どうあるべきか、どのように行動するかというルールです。当社では「やらない理由より、やる方法」や「素直で謙虚」などを掲げています。

経営者の大切な仕事は、会社の存在意義（ミッション）を明確にし、理念（ウエイ）を守りながら、会社の存在意義に基づいた将来構想（ビジョン）を描き、それを実現するよう努めることなのです。

特に現在のような激動の時代、中小企業は大企業以上に「目的」を明確にする必要があります。大企業は比較的強い既存事業を持っています。大企業は〝弾み車〟ですから、不況がやって来ても中小企業よりは生き残る可能性が高いでしょう。しかし、中小企業は目的を強固に持ち、方向付けをしっかり立案し、それを具体的に実行していかなければ、生き残るのは難しいのです。

それをよく分かっている会社は、目的についてよく考え、社内でも従業員に向けてよく話します。ダメな会社は、売上げなどの目標ばかりを強調し、目的の話などほとんどしません。ノルマばかりになってしまうと、目的を見失い、お客さまや従業員のことも目に入らなくなり、業績はどんどん悪化していくでしょう。

では、毎日会社でミッション、ビジョン、ウエイなどを唱和すればいいかというと、それでもなかなか浸透させることは難しいでしょう。「企業理念の唱和など全くやったことがない」という会社は論外ですが、読み合わせるだけでは身に付けることはできません。

大切なのは、地道な活動を根気よく続けることです。社内に浸透させる手法は、企業理念の唱和に加えて、定期的な研修の場でも、会議の場などでも、出た結論が「ミッション、ビジョン、ウエイ」に合っているかを常に検証することです。地道に続けていくこと以外ありません。

いい会社は、社内全員の考え方が統一されています。経営者は目的をしっかり定め、社内に共有し、それに基づいて地道に活動することです。

目的の確立と高い目標

「目的」と「目標」、この2つには大きな違いがあります。

先にも述べましたが、「目的」のベースとなるミッションについて、先に説明しましたが、ドラッカー氏は次の「3つの役割」と定義しています。

1　自らの組織に特有の使命を果たす。

2　仕事を通じて働く人たちを生かす。
3　自らが社会に与える影響を処理するとともに、社会の問題について貢献する。
一方で「目標」とは、ある期間内に達成したい売上げや利益、契約者数などの「数値」や試作品の完成など、具体的に達成可能なものを指します。目的を達成するための手段や指標とも言えます。

大切なのは、目標を第一に考えてはならないということです。確かに、売上げなどの数値を伸ばせば、会社は強くなり、その分、税や投資などで社会に貢献できることも増えるでしょう。

しかし、だからと言って目標を第一優先にすると、お金ばかり追いかけるようになってしまい、最終的に会社がおかしくなってしまいます。目的と目標はセットで考えなければなりませんが、優先順位を間違えてはいけません。必ず「目的」から入らなければならないのです。

京セラや第二電電（現ＫＤＤＩ）などを創業し、日本航空（ＪＡＬ）を再建した稲盛和夫氏が経営の原理原則をまとめた「経営12カ条」にも、第1条に「事業の目的、意義を明確にする」と書いてあります。「目標」ではありません。「目的」を確立したうえで、「目標」があるのです。

ドラッカー氏も「事業の定義は目的から入れ」と述べており、考え方が一致していいます。真に強い会社をつくるためには、目的を確立しなければならないのです。

時々「売上げを10億円まで伸ばしたい」などと数値の話ばかりする経営者がいます。そのような経営者には、お客さまを喜ばせよう、社員を幸せにしよう、社会問題に貢献しようなどという高い志がないことも多く、それでは単なる金儲けで長続きしません。お客さまも社員も、経営者の金儲けなど、さして興味はないからです。

一方、目的を確立させることができ、志が高ければ高いほど目標も高くなります。志が高いほどやろうとすることも大きくなるからです。

また、ドラッカー氏は「企業の一義的価値は企業外部にしかない」とも説いています。世の中から見て、その会社がどのようにお客さまや社会に貢献しているかという視点が経営者には必要だということです。会社が第一ではなく、「お客さま第一」を心がけなければ、経営はうまくいきません。

「先義後利」という言葉があるように、人としての道義や社会全体のことを最優先に考えていれば、利益は後からついてくるのです。「利」を先に考えては長続きしないのです。

ただ、会社の経営が苦しくなると、特に「利」を最優先にしてしまいやすくなります。そして会社経営成功の原理から余計に離れてしまい、ますます経営がうまくいかなくなってしまうのです。

戦略は毎年3年計画を立て、その1年目を実行する

経営という仕事には「企業の方向付け」「資源の最適配分」「人を動かす」という3つがあると述べましたが、ここからは「企業の方向付け」、いわゆる戦略立案についての具体的な手法の説明に移りたいと思います。利益率を高めるには精緻な戦略が必要です。

戦略立案には、先にも触れた「長期事業構想」がありますが、それをベースに立てる「短期計画」もあります。私がいつもお客さまにアドバイスしているのは、「長期事業構想に基づいて毎年3年計画を立て、その1年目を実行すること」です。

現在のように環境変化の激しい時代では、3年計画がそのまま3年間使えることはまずありません。しかし1年計画を立てるだけでは、見方が短期的になり過ぎてしまいます。

そこで、毎年3年計画を立て、その1年目を実行する。これを繰り返していくと、環境変

化に対応しながら計画を実行し続けることができます。ただ、ベースとなる長期事業構想との間にズレが出ないように注意することも必要です。

例えば、2020年から新型コロナウイルスの感染拡大が始まり、世の中の状況が大きく変わりました。2019年に立てた3年計画はコロナ禍を前提としていませんから、これは全く使えなくなってしまいます。

あるいは、米国の状況に大きく影響される企業は、米国の大統領が誰になるかによっても戦略は大きく変わります。トランプ氏が大統領に当選する前に、自動車部品メーカーがメキシコに進出してしまったら、今後の戦略を大きく変えなければならなくなります。

このように大きな変化が数年に1度は起こるような時代では、3年計画を毎年立てて、その1年目を実行することが現実的だと思います。

私の会社では、年に1度、50人ぐらいのお客さまと一緒に沖縄を訪れ、3年計画とその1年目の計画を立てる合宿セミナーを実施しています。事前に外部環境分析と内部環境分析をやってきていただき、ここで改めて経営者の志を明確にしたうえで幹部社員たちと一緒に計画を詳細に立てていくのです（外部環境分析と内部環境分析については、後ほど詳しく説明）。

さらに、集まっていただいた経営者や幹部たちで、世の中がどのように変化していくかについて議論してもらいます。ここにはさまざまな業種の方が集まっていますから、それぞれが交流することで新しい視点を取り入れることができるのです。

なぜ、わざわざこのようなプログラムを実施しているかというと、特に中小企業の経営者は、製造や販売などの執行の部分にかなりの時間を取られてしまい、日常のなかでは経営計画、特に長いレンジでの経営計画を十分に立てる余裕がほとんどないからです。

それから、「日常業務から離れる」という点も1つのポイントです。日常から離れることで、今まで考えていなかったようなことを思い付くことが多々あるのです。

そのうえ、異業種の経営者同士の交流も非常に大切です。というのは、「業界の常識は、社会の非常識である」ということがよくあるからです。

右肩上がりの時代ではそれでも通用したのですが、今の時代は意識してでも業界外の人とも付き合って、「世間の常識」「世界の常識」を身に付けなければなりません。業界の常識だけでは視野が狭くなってしまい、業界もろとも低迷や消滅することになりかねないからです。

特に全く異なる業界の人たち、最先端技術の開発に携わる人たち、他国の人たちなど、自分とは感覚が異なる人たちと接することが重要です。こうして自分の関心の幅を広げていくのです。

正しい戦略を立てるための「外部環境分析」と「内部環境分析」

自社の強み、弱みを分析していくなかで必要になるのが、「外部環境分析」と「内部環境分析」です。

まずは、「外部環境分析」から説明します。外部環境分析とは、自社を取り巻く環境を知ることで、主に「お客さま」「ライバル社」「代替品」「マクロ経済と地域経済」「法規制」などの要素について分析していきます。

1つ目の要素は「お客さま」です。自社が強みを活かせる顧客層、ターゲットとする顧客層を分析し、どのようにニーズが動いているかを把握します。ドラッカー氏は、「顧客は誰か」、「顧客はどこにいるか」、「顧客が求める価値は何か」を問え、と言っています。

企業によっては、特定のお客さまから大きな影響を受ける場合があります。例えば、日本製鉄にとってのトヨタ自動車です。不況や海外移転などによってトヨタ自動車の国内生産量が急激に落ちると、日本製鉄も国内の売上げが減少します。

このように、顧客層全体の分析と同時に、特定のお客さまに大きく依存している会社は、そのお客さまの短期的、中期的な戦略や動向を把握しておかなければなりません。そのためには、お客さまと常にコミュニケーションを取り、情報交換をしておく必要があります。

2つ目は「ライバル」です。ライバル会社の「Q＝クオリティ」「P＝プライス」「S＝サービス」を分析します。お客さまの求めるＱＰＳは、刻一刻と変化していきます。ライバル社の状況によって、お客さまの求めるＱＰＳの内容も変化することもありますので、競合についてもよく分析しておく必要があるのです（ＱＰＳについては、後の「顧客が求める『価値』をつくりだせるか――ＱＰＳ」で詳しく説明します）。

また、ライバル会社が提供しているＱＰＳの組み合わせだけではなく、ライバル会社の財務状況、人材、設備状況、経営者の動向なども把握することが大切です。

例えば、これからのような金利上昇局面では、ライバル会社の財務内容が悪ければ、業績が悪化する、場合によっては自社を売りに出す可能性があります。あるいは、思い切った設備投資ができないことも考えられます。逆にライバル会社に財務的余力があれば、出店戦略やM&Aを加速させる可能性もあります。

このように自社の短期的な戦略を考えるためには、ライバル会社の分析を徹底的に行うことが大切です。経営者によっては、自社の経営戦略を立案する際に複数のライバル社の有価証券報告書や東京商工リサーチなどのデータを集めて詳細に分析する人もいます。

3つ目は「代替品」です。テクノロジーの変化によって、求められる商品やサービスが劇的に変わってしまう可能性があります。

歴史を振り返ると、電卓の登場によってそろばんがなくなり、CDの登場によってレコードがなくなりました。スマートフォンの出現により、従来の携帯電話の多くが消滅しました。また、スマートフォンの登場によって音楽プレーヤーや据置型ゲーム機の市場が一気に縮小しました。

このように、これまでの商品に替わる新しい商品やテクノロジーが登場したために、市場が消滅することが少なからず起こるのです。淘汰される業界にとっては死活問題ですから、代替品の登場やテクノロジーの変化についていては。常にアンテナを張り巡らせて情報収集をすることが大切です。

同業のライバル社とばかり競っていたら、ある日突然、ライバル社もろとも業界が消滅する可能性もゼロではないのです。

4つ目は「マクロ経済と地域経済」です。アベノミクスで株高が起こったときは、資産効果によって一時的に高級品の売上げが伸びました。また、中国人観光客が急増した2015年前後には、ホテルの需要過多による宿泊料金の高騰、さらには百貨店での高級腕時計の売上げが急伸しました。

このところも、外国人客の急増で、ホテルの宿泊代金が一部の都市では高騰しており、日本人ビジネスパーソンの出張にも影響が出るほどです。

どの業界も、どの会社も、マクロ経済の大きな波には逆らえません。マクロ経済の動向に常に注意し続けることは必要不可欠です。「うちの会社はいい商品を売っているから大丈夫だ」と思っていても、お客さまの可処分所得が減れば、従来ほどは買ってもらえなくなるかもしれません。あるいは、低価格な商品が売れるようになることも考えられます。

逆にバブル期のようにお金が有り余っている時代ですと、多くの人の懐が潤っていますから、お客さまは総じてより高級なものを求めるようになります。このように、マクロ経済の動向によってお客さまのニーズが変わることがあるのです。さらには少子高齢化やテクノロジーの発達など、中長期的な社会の流れについても把握しておくことが大切です。

もちろん、この本の主題としている金利上昇も、多くの企業に影響を与えます。第1章でも述べたように、日銀の動向、米国経済やFRBの動向についても常に注意を払うことが必要です。金利がどのぐらいのペースで上昇していくかも、戦略を立てるうえで重要な要素になります。

もう1つ、地域で事業を展開する会社は「地域経済」の分析も必須になります。地域経済の分析とは、地域の経済状況、人口動態や人手不足の状況、マーケットなど、地域ごとに把握することです。

世界最大の半導体生産会社である台湾積体電路製造（TSMC）が進出してきた熊本県では、深刻な人手不足により人件費が急上昇しています。土地など不動産の値段も上がりました。熊本県で事業を展開する経営者は、戦略を立てるうえでこの点を無視することはできません。このような地域の特殊事情も把握しておくことが大切です。

5つ目は「法規制」。例えば、働き方改革関連法により、2019年4月から時間外労働の上限規制が設けられました。それまでは建設業や運転業務、医師などは業務の特性や取引慣行の課題があることから5年間の猶予が設けられていましたが、今ではこれらの業種も上限規制が適用されるようになりました。

経営者はこういった規制を加味した上で、従業員の労働時間の管理をしなければなりません。特に建設業、運送業、医療などの業界は人手不足が深刻ですから、労務管理や業務効率化は急務となっています。

それから、海外の動向にも注意が必要です。2024年11月の米大統領選挙ではトランプ氏が勝利し、25年1月の就任直後に米国はパリ議定書から離脱しました。

しかし、4年後には再び大統領選挙が行われます。ここで民主党が勝利すれば、再び「CO_2削減」の声を上げるでしょうから、世界中でCO_2削減の動きが加速し、ルールが厳格化されるかもしれません。このような政治の変化も、企業経営に大きな影響を及ぼす可能性があるのです。

続いて、「内部環境分析」の説明に入ります。内部環境分析とは、主に、ヒト、モノ、カネなどのほか、ノウハウ、技術、コンピュータシステム、お客さまとの関係など、自社の資源をライバル社と比較して分析することです。そのうえで、自社の「強み」と「弱み」を客観的かつ具体的に把握するのです。

ここでの重要なポイントは、「具体性」です。他社と比べて、具体的にどこが勝っていて、どこが劣っているのかを正確に分析します。

お客さまは商品やサービスを購入するわけですから、商品やサービスが他社と差別化されていることが重要になります。先ほど、「お客さまはＱＰＳの組み合わせによって商品やサービスを選ぶ」と述べましたが、これが差別化になります。

また、差別化された商品やサービスを生み出すためには、それらを作り支えるための人材、製造装置、資金などが必要です。この部分を分析するのが、内部環境分析です。「強み」「弱み」の分析とも言えます。

さらに踏み込むと、こういったヒト、モノ、カネを十分に機能させるためには、人材教育や人材獲得のノウハウ、高性能な製造装置、機械を動かすノウハウ、資金を調達する能力なども必要になります。これらも内部環境分析の対象になります。

当社でお客さまの内部環境を分析するときは、「コスト」「人材（質、やる気、コミュニケーションなど）」「教育制度」「設備」「情報システム」「財務内容」「ノウハウ」「その他」に分類し、それぞれの「強み」と「弱み」を重要度とともに分析しています。

さらに、これらの内部資源がライバル社と比べてどれだけ勝っているか、劣っているのかを具体的に分析し、強化すべきところを見つけます。

ここが最も重要なポイントです。「普通になる努力」をいくらやっても、普通の会社にしかなりません。「特有の使命を果たすために、どこを伸ばせばいいのか、何をすべきなのか」を考えるのが、内部環境分析の基本です。

繰り返しになりますが、この部分を「具体的に」「客観的に」考えることが大切です。自社に対して、経営者はなかなか客観的に見ることが難しいからです。

時々「業界最高水準」という言葉を使って、測定不能な基準でごまかしてしまうケースを目にします。目標設定をする際は、「測定可能」であることが大原則です。具体的に現状を知り、具体的な到達点を定めることが大切なのです。

このような外部環境と内部環境を分析した上で、ミッションやビジョン、理念に基づいて、どのような戦略を取っていくのか。つまり、「何をやって、何をやめるか」を決めることが、経営者にとって最も大切な仕事の一つになるのです。

「値決めは経営」——価格の上限、下限は？

京セラの創業者であり、日本航空（ＪＡＬ）を再生させた稲盛和夫氏は、「値決めは経営である」という言葉を残しています。

「値決めは、製品の価値を正確に判断した上で、製品一個あたりの利幅と、販売数量の積が極大値になる一点を求めることで行います。またその一点は、お客さまが喜んで買ってくださる最高の値段にしなければなりません。

こうして熟慮を重ねて決めた価格のなかで、最大の利益を生み出す経営努力が必要となります。その際には、材料費や人件費などの諸経費がいくらかかるといった、固定観念や常識は一切捨て去るべきです。仕様や品質など、与えられた要件をすべて満たす範囲で、製品を最も低いコストで製造する努力を、徹底して行うことが不可欠です。

値決めは、経営者の仕事であり、経営者の人格がそのまま現れるのです。」

（「第21回盛和塾世界大会〈2013年7月18日〉」要旨より）

そもそも、価格とはどのようにして決まるのでしょうか。経済学的には、需要曲線と供給曲線が交わる点で決まります。経済学においては、確かにその通りです。

では、経営学的にはどうでしょうか。私はよく講演会などで「価格の上限と下限は、どのようにして決まるか知っていますか？」と皆さんに質問します。

価格の最下限は、「コスト（費用）」です。コストを下回る価格を設定してしまうと、事業を継続することはできません。

もちろん、新しい商品を早く市場に普及させるために、最初だけコストを割った低価格にする「ペネトレーション価格」を設定する場合があります。しかし、こちらはあくまでも短期間だけです。そうでないと事業は成り立ちません。ですから、基本的には、価格の下限はコストです。

一方で上限は、「お客さまから見た価値」です。ある商品に対し、お客さまが「これには大きな価値がある」と思えば、高い代金を支払います。先ほどの稲盛さんのお言葉でもそう語っておられます。

代表的な例が、高級ブランド品です。ブランドロゴを刻印するだけで、同じ品質の商品でも価格が4倍高くなるケースもあります。つまり、お客さまから見ると、ブランドの刻印自体に価値があるということです。

だからこそ、世界の高級ブランドはブランディングに膨大なコストをかけています。商品開発のほか、広告宣伝、接客サービス、店舗開発など、ブランドイメージを高めるためにあらゆる努力をしているのです。多くの人に「高級品だ」と認知されるからこそ、ブランドとして成立するからです。

一方で、ガソリンやガスなどのエネルギーや金・銀・プラチナなどの貴金属類、穀物などといった差別化しにくい商品（コモディティ）はどのように値決めをすればいいのでしょうか。

「コスト・リーダーシップ戦略」という考え方があります。ライバル会社よりコストを抑えることで安い価格を設定し、競争優位を確立する戦略です。

ただし、そこで勝者となり得るのは大企業か家内工業かのどちらかしかありません。前者は大量生産、販売によってコストを下げ、後者は家内で生産、販売することで人件費や固定費を下げられるからです。

逆に言えば、それら以外の規模の会社がコスト・リーダーシップ戦略を打ち出すことは特殊な製造装置でも考え出さない限りほぼ不可能です。その場合、お客さまから見た価値をどのように高めればいいかは、のちの「利益率を高めるには『マーケティング』と『イノベーション』」で詳しく説明します。

高金利時代が始まろうとしている今、利益率を高めるためには「お客さまから見た価値」を高め、値決めにも今まで以上に注意を払わなければなりません。

これは非常にシンプルな話で、上限（お客さまから見た価値）を上げるか下限（コスト）を下げれば、利益率は上がります。

コモディティといわれる商品はコストをベースに価格設定しますし、逆にブランド品などはコストベースで値決めすることはありません。コモディティは大量仕入れや大量生産によってコストを下げ、利幅を増やす。ブランド品などは、大量生産できなくても高い値段で売れますから、その分、品質の向上に努めることが必要になります。多くの商品は、コモディティでもなく、高級ブランド品でもありませんが、Q（クオリティ）やS（サービス）でお客さまから見た価値をいかに高めるかが大切になります。

なぜ値上げができず、利益率が上がらないのか——マクロ的には供給過剰

「お客さまから見た価値」を高め、価格を上げれば、利益率も上がります。しかし、「簡単に値上げをすることはできない。値上げできないから、利益率を高めることも難しい」と考える経営者が多いのも実状です。

では、なぜ値上げが難しく、利益率が上がらないのでしょうか。

例えば、皆さんが新幹線に乗って国内旅行に出かけたとします。新幹線は出発時間も到着時間も極めて正確ですし、ホテルでも接客の質が非常に高いと感じるでしょう。実際

に、日本のサービス業の質は世界でもトップレベルだと評価されています。サービス業だけではありません。日本製の製品も、世界中から非常に高い評価を受けています。自動車、家電製品、医薬品から食品まで、高品質で信頼性が高いといわれているのです。

サービスも製品や商品もこれだけ品質が高いのに、なぜ値段が上がらないのでしょうか。私は、「供給過剰」が原因だと考えています。

図表3-1を見てください。これは、日銀が四半期に1度発表している「日銀短観（全国企業短期経済観測調査）」に記載されている、「国内での製商品・サービス需給判断」です。この数字は、さまざまな業種の大企業と中小企業に向けて調査をして、「需要超過」と答えた企業の割合（%）から「供給超過」と答えた企業の割合（%）を引いた値をグラフ化したものです。

この図を見ますと、ほぼすべての年が「供給超過」となっていることが分かります。バブル期とコロナ明けに「需要超過」となった年がいくつかありますが、それでも1ポイント程度です。データを見ても、供給過剰が続いていることが明らかです。

なぜ、日本ではこのように供給過剰が続いているのでしょうか。それは、本来淘汰され

図表3-1　国内での製商品・サービス需給判断

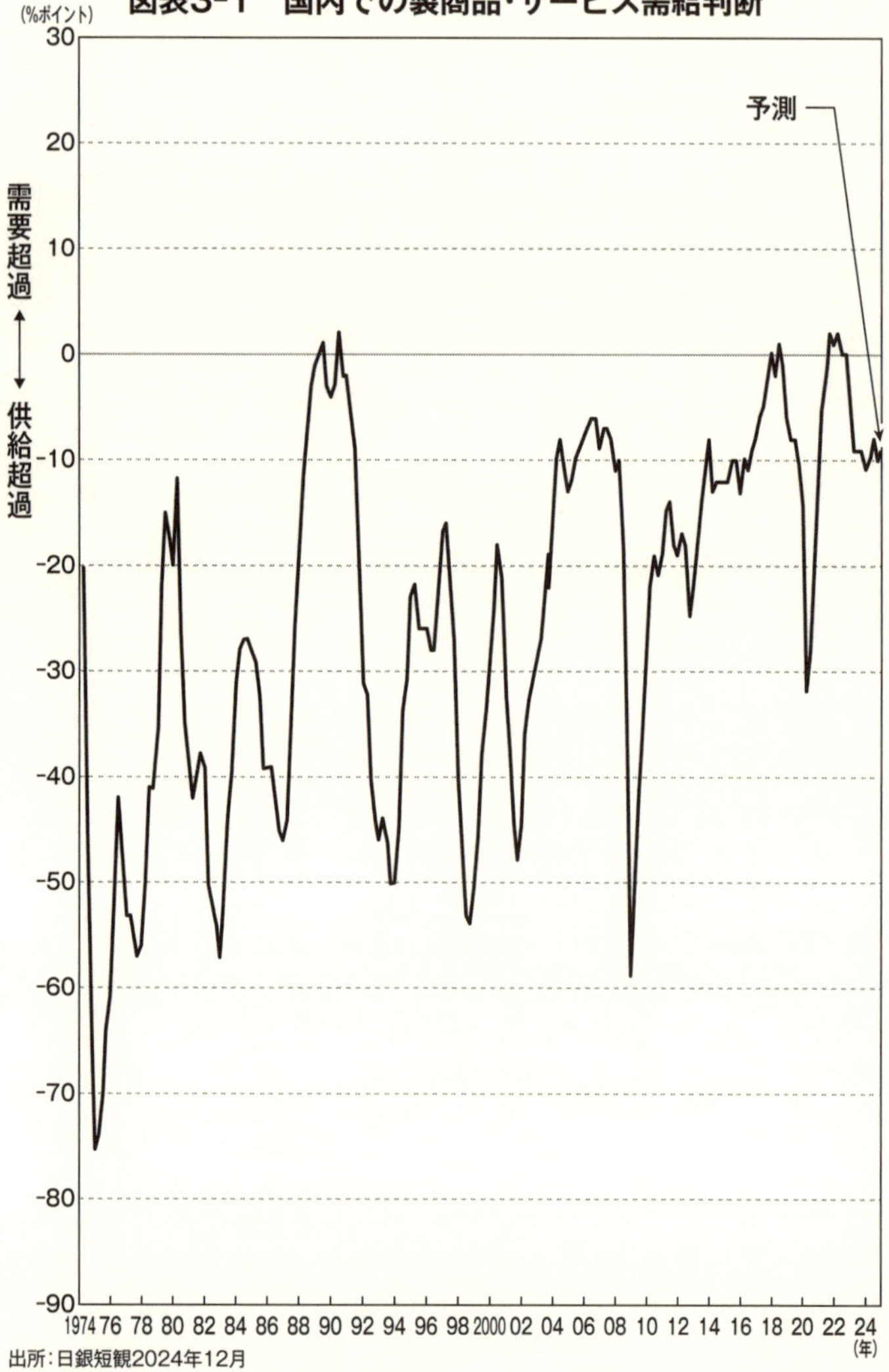

出所：日銀短観2024年12月

図表3-2 開業率の国際比較

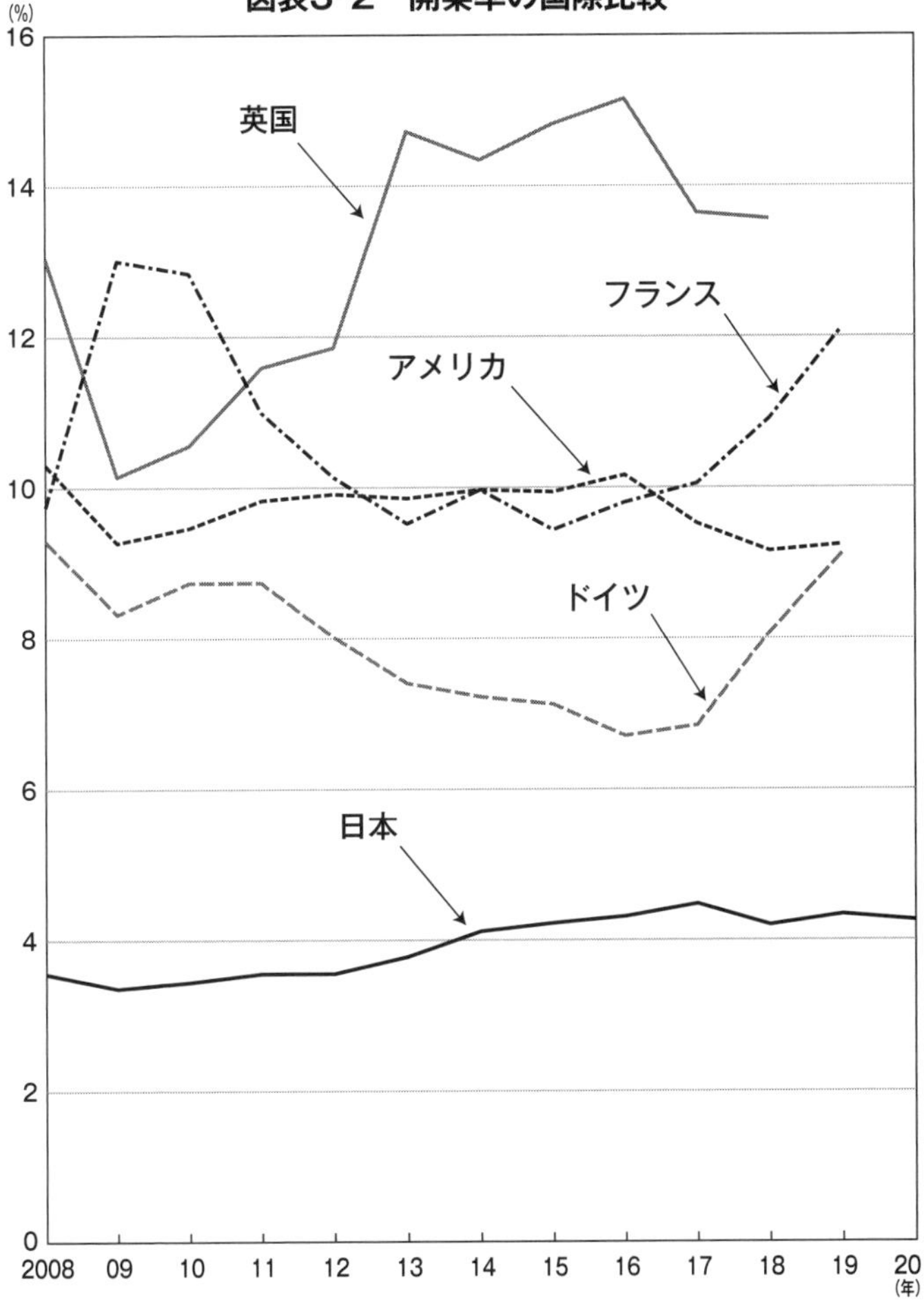

注1：開業率は当年度に開業した事業所数を、当年度の事業所数で除したもの（アメリカのみ当年度および前年度の事業所数の平均値で除したもの）
注2：法務省「登記統計」、国税庁「統計年報」、United States Census「Business Dynamics Statistics」、eurostat「Structural business statistics」により作成
出所：内閣府「令和4年度 年次経済財政報告」

図表3-3　倒産・廃業率の国際比較

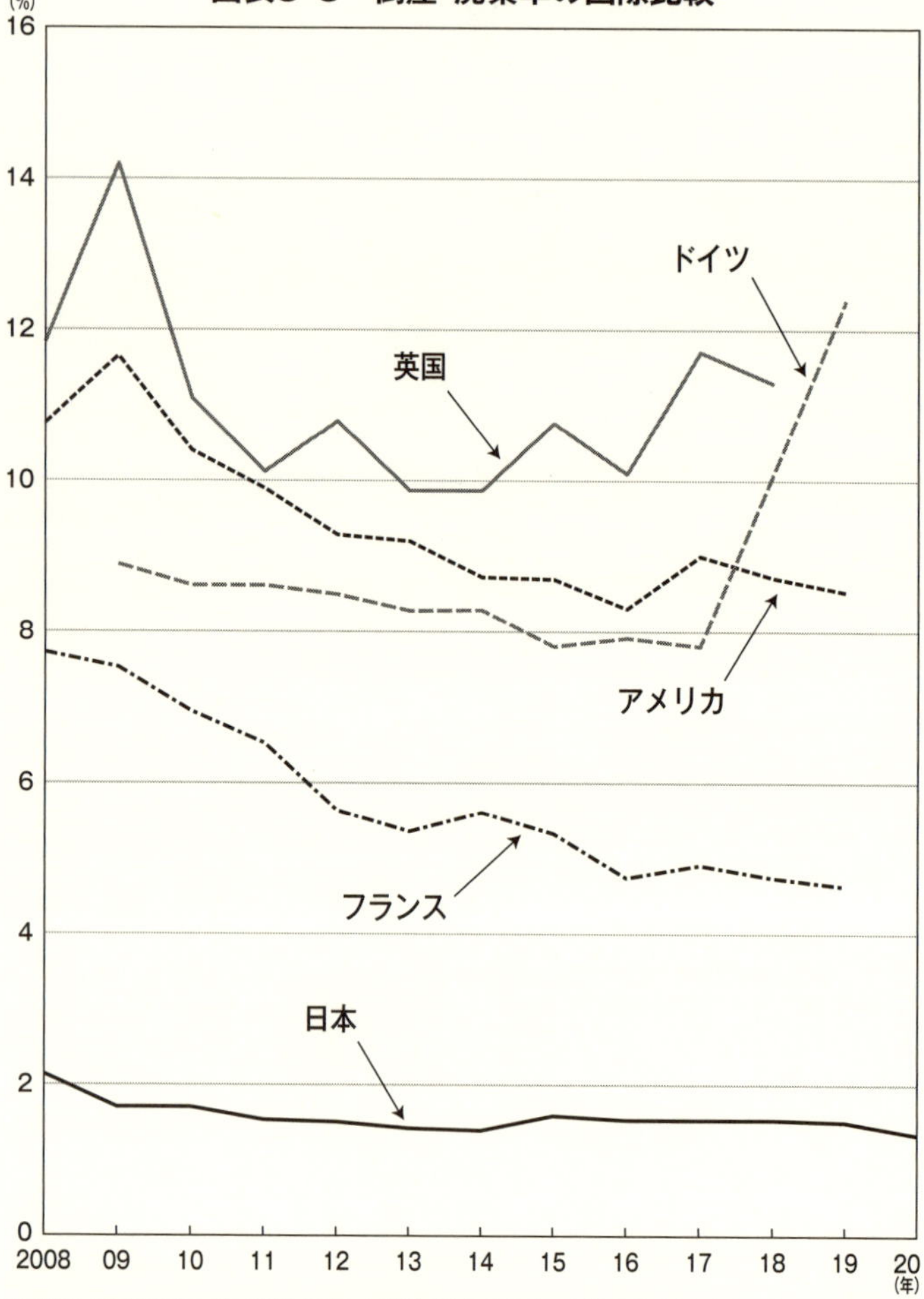

注1：倒産・廃業率は当年度に倒産・廃業した事業所数を、当年度の事業所数で除したもの（アメリカのみ当年度および前年度の事業所数の平均値で除したもの）
注2：法務省「登記統計」、国税庁「統計年報」、United States Census「Business Dynamics Statistics」、eurostat「Structural business statistics」により作成
出所：内閣府「令和4年度 年次経済財政報告」

図表3-4　代謝率の国際比較

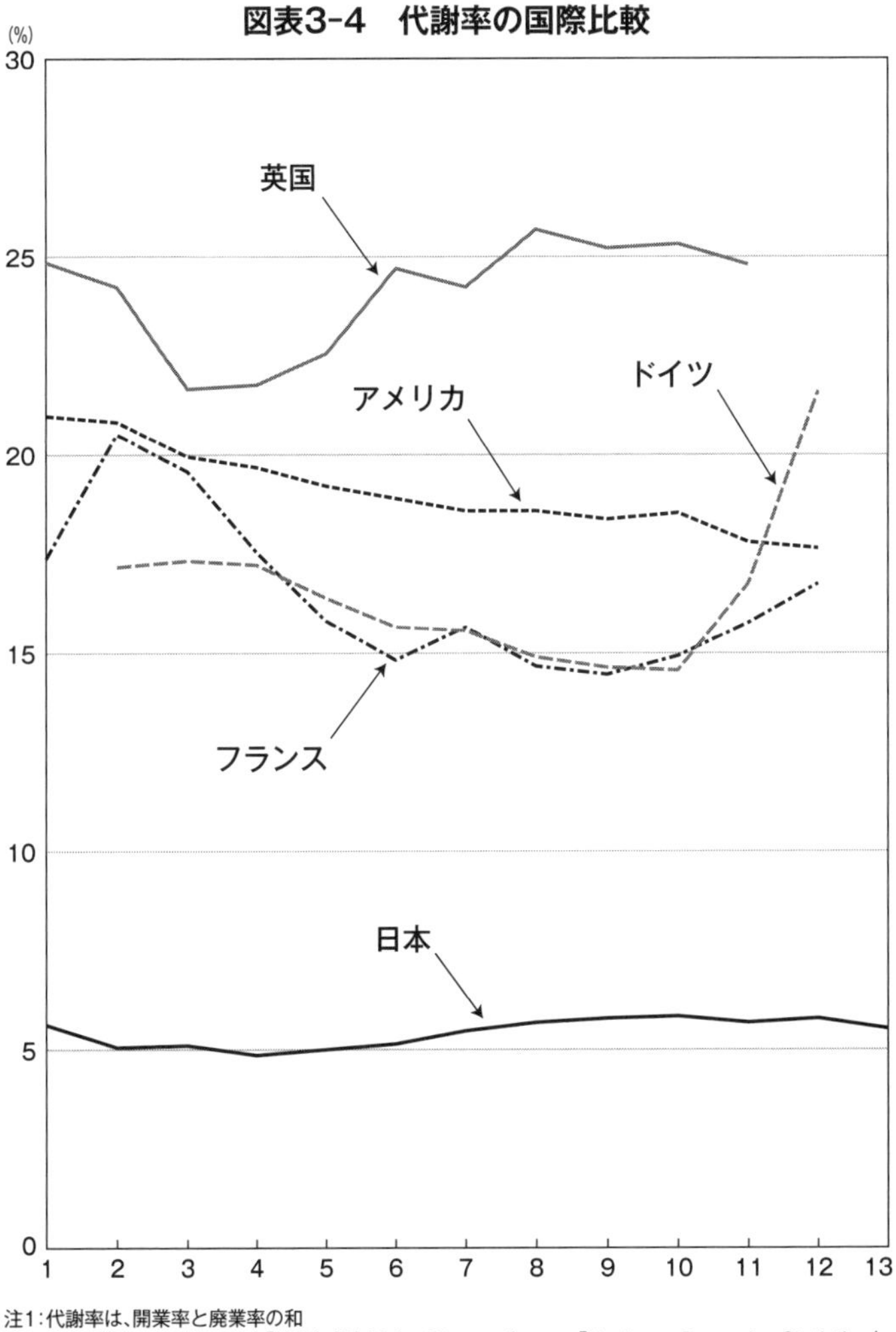

注1：代謝率は、開業率と廃業率の和
注2：法務省「登記統計」、国税庁「統計年報」、United States Census「Business Dynamics Statistics」、eurostat「Structural business statistics」により作成
出所：内閣府「令和4年度 年次経済財政報告」

るべき企業が淘汰されていないからだと私は考えています。

「開業率・廃業率の推移」（図表3－2、図表3－3）を見てください。開業率とは、一定期間に新規開業した事業所や企業の数が、同期間の事業所・企業の数全体に占める割合です。同様に廃業率は、一定期間に廃業した事業所や企業の数が、同期間の事業所・企業の数全体に占める割合で算出されます。

日本の場合、開業率は約4％、廃業率は約2％です。一方で米国は、開業率10％超、廃業率8％。欧州各国もほぼ米国と同水準です。代謝率は開業率と廃業率の和で求められますが、日本では企業の代謝がどれだけ悪いかが分かります（図表3－4）。

これらの数字からも、日本は淘汰されるべき企業が十分に淘汰されず、それが供給過剰をつくり出していることが読み取れます。その結果、価格を上げにくい状況になっているのです。

ただ、ここで金利が上昇していきますと、結果的に淘汰される企業がある程度増えていく可能性があります。すると、全体的に見ると供給過剰が少しずつ解消され、利益率を高めやすくなっていくことが考えられるのです。

しかしそれまでの間に、財務内容が悪化している会社は、生き残るために利益率をいち早く上げていかなければなりません。そのためにも差別化を進めるでしょうから、一時的に競争が激しくなる可能性があります。いずれにしても、財務内容の良い会社もそうでない会社も、「お客さまから見た価値」を高めていくことが必要不可欠になるのです。

利益率を高めるには「マーケティング」と「イノベーション」

では、利益率を高めるためには、どのような戦略を打ち出せばよいのでしょうか。

結論から述べると、利益率を高めるために必要なことは「差別化」です。ライバル会社の商品やサービスと違うものを作り出せるかどうか、ということです。

ピーター・ドラッカー氏は、差別化の根本について「マーケティングとイノベーション」と説明しています。

マーケティングと言うと「営業活動ではないか」と考える人がいらっしゃるのですが、それは誤解です。正しくは、「お客さまが求めているものを見つけ出して、商品やサービスとして製品化し、周知させるためにプロモーションなども含めて、安定的に提供するプロセス」の全体を指すのです。営業活動とは根本的に異なります。

また、ドラッカー氏は、「マーケティングの理想は、営業活動を不要にすること」という言葉も残しています。本当にいい商品やサービスであれば、営業活動をしなくてもお客さまの方から購入しに来てくれるということです。商品やサービスの価値を高める「お客さま第一」が一番のプロモーションツールになるというのです。

これを実現するには、いくつかのポイントがあります。

1つ目は、素直に、謙虚に、お客さまを見ること。

2つ目は、ライバル会社が提供している商品やサービスを、素直に、謙虚に見ること。特にライバル会社の商品は、「この会社には勝てっこない」、「あんな会社の商品は大したことない」などというように、見るときにバイアスがかかりやすいので注意が必要です。バイアスがかかってしまうと、お客さまが本当に求めているものやライバル会社の商品やサービスの内容を正確に見ることができなくなってしまいます。

3つ目は、お客さまが求めているものを具体的に商品やサービスに落とし込むこと。お客さまは商品やサービスを買うのです。

そして4つ目として、それを知っていただく活動をすること。商品やサービスを生み出すだけでは、お客さまに知っていただき、購入していただくことはできません。

以上の4つのポイントをすべて行うことで、差別化が可能になります（差別化をするときの具体的な考え方については、次の項目「顧客が求める『価値』をつくりだせるか――QPS」で説明します）。

一方、「イノベーション」とは何でしょうか。ドラッカー氏は、「新たな価値を創造すること」と説いています。これは商品やサービスの提供だけにとどまらず、製造方法、流通プロセス、組織そのものを大きく変えることです。

私のお客さまである自動車部品メーカーは、米国に工場を建設し、完全自動化ラインを走らせました。自動車部品を作るとき、一般的には素材を折り曲げたり、溶接したり、検査をしたりといったプロセスがありますから、各工程が移る際には人間の手が必要でした。しかし、それらをすべてアームロボットに替えて自動化したのです。

すると、場合によっては365日24時間稼働させることができます。そこに作業員はいませんから、休憩時間を取る必要がなく、待遇に気を遣う必要もありません。これも1つの大きなイノベーションです。

また、近年ではＡＩ（人工知能）を活用する企業が増えてきました。ＤＸ化も進んでいます。大企業のみならず、中小企業も取り入れています。例えば、図面を描くとき、ＣＡ

DにAIを統合して設計プロセスを自動化したり、データ解析やパターン認識を通じて設計提案を行ったりする会社があります。BIMといって、それに加えて3次元の設計と積算までも同時に行うシステムもあります。あるいは、営業活動にAIを使い、顧客情報を管理したり、提案資料を自動作成したりするところもあります。

ある製造業ではDXを進めて、在庫管理と生産管理をIT化することで生産や営業効率を高め、売上げを伸ばしています。工場の稼働状況や在庫状況をオンラインで一括管理し、お客さまのところに営業するときに、即座に「いつまでにこの商品を提供できます」と答えられるようになり、売上げに結び付きやすくなったといいます。

このように、近年ではAIを含めたDXをどのように進めていくかも非常に大切なポイントになります。

どのような戦略を打ち出すとしても、一番大切なのは、お客さまが求める価値を見つけ出して、それを提供するプロセスである「マーケティング」と、新たな価値を創造する「イノベーション」に集中しなければならないということです。

皆さんの会社で行う会議を振り返ってみてください。会議の時間のうち、どれだけをマーケティングとイノベーションに使っているでしょうか。極端なことを言えば、マーケテイングとイノベーション以外の活動は、価値を生み出しません。

もちろん、コンプライアンスや人事などの議論は必要でしょうが、それはあくまでも基盤づくりです。お客さまは、マーケティングとイノベーションの「成果」以外は購入しないのですから、ここの議論に資源を割くことが大切です。

顧客が求める「価値」をつくりだせるか——QPS

会社の方向付けを行うとき、見極めなければならないことは「お客さまの動向」、つまり「お客さまが求めているものは何か」です。この視点は、マーケティングとイノベーションにおいても必要不可欠なことです。お客さまが何を求めているかを見つけ出すことが、方向付けのなかでも最も重要な課題と言えます（このことをドラッカー先生は、「顧客は誰か」、「顧客はどこにいるか」、「顧客の求める価値は何か」というふうに説明されています）。

私が他社との違いを分析するときに使っているのが、「QPS」という考え方です。「Q＝クオリティ（品質）」、「P＝プライス（価格）」、「S＝サービス」という3つの単語の頭文字を取った言葉です。

「Q（クオリティ）」は、商品そのものの内容です。お客さまからお金をいただいて提供する商品やサービスは、すべてここに含まれます。「P（プライス）」は、商品やサービスの価格です。

そして、3つの要素のなかで最も注意しなければならないのは、「S（サービス）」です。その定義が少し複雑だからです。

私のようなコンサルティング会社は、コンサルティングというサービスを提供してお金をいただいていますから、これは「Q（クオリティ）」に入ります。運送業をやっている会社は、運送サービスでお金をいただいていますから、これも「Q」に入ります。

「S」とは、「その他」だと考えてください。お金をいただかないもの全般です。例えば、コンビニエンスストアに行く際、多くの人は最も近い場所にある店舗を選ぶと思います。しかし、「近い場所にある」ということに対してお金を払っている人はいませんから、近い場所にあるという利便性は「S」に入ります。

あるいは、「店員さんの対応がいい」「品ぞろえがいい」「商品の陳列の仕方が見やすい」という理由で選ぶ人もいるでしょうが、それらに対してお客さまはお金を払いませんから、こちらも「S」に入ります。

実は、この「S」が大切なのです。つまり、商品や価格が変わらない場合、「S」がお客さまの購買に大きな影響を与えるのです。

もう少しイメージしやすくするために、Sの具体例を示します。例えば「立地」は、近いからその店で買うということです。商品の質が大きく変わらない限り、多くの人は近場で買い物をするでしょう。

「評判」もあります。評価の高い会社やお店の商品を買いたいと思うのは当然のことです。「品ぞろえ」もあるでしょう。あの店に行けばマイナーな商品でも置いてあるかもしれないと思うからこそ、お客さまはその店に足を運びます。

また、「アベイラビリティ（利用可能性）」もあります。深夜に空腹になってパンを食べたくなったとき、思い浮かべるのはパン屋さんに行くことではなく、コンビニエンスストアに行くことではないでしょうか。深夜でも営業していると思うからです。つまり、24時間営業していていつでも利用できるという認識があるのです。

このアベイラビリティは特に大切な要素です。お客さまから見て、常に「アベイラビリティがある」、つまり、営業時間や品ぞろえが十分であると思ってもらえるかが重要なのです。

このように、お客さまが購入を決める判断材料には、さまざまな要素があります。特に、Q（クオリティ）とP（プライス）で差別化しにくい業種の場合は、S（サービス）がお客さまの選択に影響する割合が大きくなります。

QPSと3つの要素に分解すると説明してきましたが、お客さまは商品そのものだけではなく、価格だけではなく、その他の要素だけでもなく、すべてを総合して考えて商品を購入しているのです。

言い方を変えれば、お客さまは「QPSの組み合わせ」しか求めていません。お客さまの求めるクオリティ、プライス、サービスの組み合わせを見極め、その上で、ライバル会社が提供している商品やサービスを正確に知ることが、正しい方向付けにおいて大変重要なポイントになるのです。

違う見方をすれば、お客さまは、相対的に「自分にとってメリットのあるQPS」を知らず知らずのうちに選んでいます。絶対的な基準を持って選ぶ人は、ほとんどいません。

もし、私が経営者から「会社の業績を短期的に上げたいのだが、どうすればいいか」と相談されたら、まずはその会社のQPSとライバル社のQPSを具体的に分析します。そして、ライバル会社の商品やサービスよりもよりよいQPSの組み合わせを提供すれば、売上げを伸ばすことができるのです。

「ＱＰＳ」は、差別化をする上で最も大切なキーワードなのです。

ただ、先にも触れましたが、多くの経営者はライバル会社を見るときにバイアスがかかってしまいますから、注意が必要です。どうしてもバイアスがかかってしまうと思ったときは、コンサルタントのような第三者を活用することも一つの手です。

また、お客さまが求めるＱＰＳは、刻々と変化していきます。お客さまの可処分所得や経済環境に大きく影響されるからです。

景気が悪化したときは所得が減りやすいですから、お客さまが選んでいたものと同じＱ（クオリティ）、同じＳ（サービス）のものを、より低いＰ（プライス）で提供することが求められる傾向があります。

逆に景気が少し持ち直してきますと、高額商品が売れるようになります。Ｐ（プライス）を多少上げても、Ｑ（クオリティ）やＳ（サービス）の高いものが求められやすくなるのです。

お客さまの求めるＱＰＳをより正確に見極めるためには、経営者自身がお客さまのところに足を運ぶことも重要です。どんなに頭がいい経営者でも、お客さま自身ではありませんので、お客さまのニーズを正確に把握することはできません。

私の経営コンサルタントの大先輩である一倉定先生は、「穴熊社長は会社をつぶす」とおっしゃっていました。いつも会社の中にいるばかりで、お客さまと直接会ったり現場を見たりしない社長は、業績を落としてしまうのです。コンサルタントも同じです。

スーパーやコンビニエンスストアで販売されている商品を扱っている会社であれば、実際に売り場に行き、お客さまがどのように買ってくださるか、自社商品の周りに陳列されている他社の商品はどんなものがあるかなどを、実際に現場で見極める。製造業ならば、製造現場を直接見に行く、それがどのように使われているかも見に行く。これは、お客さまの視点に立てるかどうかという問題です。

経営者は、「最も厳しいお客さまの目」を持たなければなりません。経営者の頭の中だけで、お客さまを判断してはいけないのです。お客さまが商品を買うのであって、経営者が買うわけではないからです。謙虚な姿勢でお客さまの動向を見極めることが大切です。

特に金利が上昇し、競争環境が厳しくなっていくことが予想されますから、経営者は「最も厳しいお客さまの目」を持ち、ＱＰＳを具体的かつ客観的に分析することが今まで以上に求められるようになります。

QPSに加え、「C（コスト）」を考える

ここまでQPSについて説明してきましたが、もう一つ、「C（コスト）」の要素も考えておく必要があります。

先にも述べましたが、お客さまはQPSの組み合わせにしか興味はありません。それを踏まえたうえで、コストに関していくつか押さえておかねばならない注意点があります。

会社の業績が落ち込んでくると、経営者は「コストを削減すべきだ」と考えるようになります。売上高や利益は外部環境に大きく左右されますから、会社を立て直すときは、最初にコスト削減を行うのが確実です。特に、緊急性の高い場合は、コスト削減を最優先にすべきです。

しかし、ここで注意しなければならないのは、コスト削減のやり方を間違わないことです。ここを間違えてしまって、お客さまが望むQPSの組み合わせを出せなくなると、商品やサービスを購入してもらえなくなります。

収益を伸ばすためにコストを下げた結果、お客さまが求めるQとSを提供できなくなれ

ば、業績を上げるどころか悪化していってしまいます。「C（コスト）」はお客さまから見えないところにありますから、「とにかくコストを下げなければ…」とコスト削減にばかり注力してしまいますと、会社はさらにおかしくなっていくのです。

では、コスト削減を正しく行うにはどのようにすればいいのでしょうか。管理会計的に説明すると、すべての業務は「付加価値活動」と「非付加価値活動」の2つに分類されます。付加価値活動とは、お客さまの満足度に直接関わる業務であり、商品の製造、品質管理、営業活動などが含まれます。

非付加価値活動とは、お客さまの満足度に直接関わらない業務です。経理や総務の仕事、営業でも社内での伝票整理や報告書の作成などは、こちらに入ります。

コスト削減の大原則は、「非付加価値活動から行うこと」です。非付加価値活動の業務内容を簡素化したり、携わる人員を削減したりしても、お客さまの満足度には直接影響しないからです。むしろ、ここを削減した分、付加価値活動にリソースを割くことができますから、満足度を高めることにつながります。

次に着目するのが、付加価値活動です。付加価値活動でも、コスト削減の余地がありま す。お客さまに提供する価値を下げずにコストを削減する方法を考えます。この考え方は、「バリュー・エンジニアリング（VE）」と呼ばれます。

製造業であれば、強度を変えずにボルトの長さを1ミリ短くできないか、エンジンオイルの品質は過剰ではないか、といったことなどを検討します。あくまでも、「お客さまから見た商品・サービスの価値に影響しない部分」のコストを下げることが大切です。

こうしてコストを下げることで、同じPでも、QやSでこれまで以上に高いレベルを提供する、あるいは、QとSを維持しながらもPを下げることが可能になるのです。

自社が変えるのはマーケティングの「5つのP」

QPSはお客さまから見た視点であり、企業はお客さまが求めるものにフィットしたQPSの組み合わせを提供しなければならないと述べてきました。ここから説明する「マーケティングの5つのP」は、お客さまが望むQPSの組み合わせを提供するために、自社が変えていくべきものを指す要素です。

「マーケティングの5つのP」とは、次の5つです。

1　Product（製品、商品）

2 Price（価格）
3 Place（流通）
4 Promotion（広告・宣伝）
5 Partner（パートナー）

一般的には「4つのP＝Product、Price、Place、Promotion」と言われることも多いですが、私は「Partner」を含む「5つのP」を考える方が分かりやすいと思いますので、こちらを採用しています。

それでは、各項目について説明していきます。

1 Product（製品、商品）

Q（クオリティ）は商品やサービスの品質と述べましたが、そこには商品のスペック、大きさ、付随するパッケージングなど、すべてが含まれています。お客さまが望むスペック、大きさ、パッケージなどがフィットした商品を用意しなければ、購入していただけません。

例えば、日本では高齢化が急速に進んでいます。そこで新聞や雑誌は、近年、高齢者でも読みやすくなるように、文字を従来よりも大きくしたり、行間や字間のスペースを以前より広くしたりする工夫が見られるようになりました。

また、贈答品などはパッケージが重視される商品です。百貨店や専門店が、自社のブランド名などが分かる包装紙やバッグを使いきれいに商品を包装することで、贈答品としての価値が出ます。もちろん、中身の商品を贈ることが目的ではありますが、パッケージが重要な要素を占めていますから、ここに工夫を凝らすことも求められます。

このように、お客さまのニーズに合った商品やサービスの内容を考えたり、工夫したりすることが大切です。

2 Price（価格）

「プライス（価格）」は、第3章「『値決めは経営』――価格の上限、下限は？」で述べたように、最下限は「コスト」、上限は「お客さまから見た価値」です。一般的にはコストで勝負するよりもＱＰＳの組み合わせで他社との違いを明確にし、お客さまから見た価値を高め、できるだけ高い価格が設定されるようにするべきです。

一方、一般的には、同じクオリティ、同じサービスのものであれば、安い方が売れる傾向がありますから、コストを抑えて価格を下げることも大切です。しかし、現在はインフレが起こっていますから、場合によっては利益率を上げるために値上げをする選択も必要です。

一方、価格を下げる際は、とにかく安くすればいいというわけではありません。どの商品にも「値ごろ感」があります。あまりに安すぎると、特別な理由がなければ、お客さまは「品質に問題はないだろうか」「買っても大丈夫だろうか」と警戒してしまい、買わなくなってしまうのです。

そこで、価格は「値ごろ感」の上限と下限の間で決めなければなりません。値ごろより高くなれば、当然、お客さまは買いませんし、値ごろより安くなりすぎても買わないのです。

そこで、自社が扱っている商品はもちろんのこと、他社が扱っている商品も含めて、「値ごろ」がどのぐらいなのかを常に把握しておく必要があります。街や現場に出たり、インターネットのショップを見たりして、ライバル会社の商品価格がいくらになっているかをこまめに確かめることが大切です。生鮮食品などの一部の商品は、「値ごろ」がすぐに変わってしまうこともあります。

コストを下げる方法があるなら、先にも触れた「コスト・リーダーシップ戦略」も有効です。大量に作る、あるいは大量に仕入れて、大量に販売することでコストを下げる手法です。

ドン・キホーテでは、安く大量に仕入れて大量に販売することで収益を伸ばしています。その代わりに、売り場1坪あたりの売上げを伸ばすために、商品を山のように積み上げて、坪効率を高めています。

製造業の場合ですと、大量生産することでコストを削減できます。原材料を大量に仕入れれば原価を安く抑えられますし、減価償却費など製品1個あたりの固定費も落とせます。

一番望ましい手法は、コストを削減しながら、お客さまから見た価値を高めることです。これは高級品やブランド品ではなくとも実現可能です。その最たる例が、ユニクロやニトリでしょう。

ユニクロやニトリは、それなりに品質のよい商品をリーズナブルな価格で提供しています。しかし、2社の財務諸表を見ますと、粗利益率（売上高に対する売上総利益の割合）は約50％もあるのです。比較的安価な商品だからといって、必ずしも利ざやが少ないわけではありません。

このようなユニクロやニトリのビジネスは、「厚利多売」と言えます。工夫された大量生産、価格の安い地域での原材料の大量仕入れ、大量販売、そして機能性の高い商品の開発も相まって、これが実現しているのです。

3 Place（流通）

「Place（流通）」は、従来ですと、小売店舗の展開、卸売、通信販売などがありましたが、近年ではそれらに加えてｅコマースなどの選択肢が増えてきました。

そこで、実店舗を持たずにｅコマースだけを展開したり、逆にＥＣサイトを中心に展開していた会社が、お客さまの声を直接聞くために実店舗を開いたりというように、さまざまな戦略がとれるようになりました。流通は自社でコントロールできる部分ですから、戦略によって自由に変えていくことができるのです。

私のお客さまでも、流通を改革することで大幅に収益を伸ばした会社がありました。印刷通販大手のプリントパックは、かつてパソコンの普及によって製版事業が振るわなくなり、さらには印刷市場の縮小から印刷事業そのものも縮小傾向でした。経営者は当時、このまま事業を縮小していくべきかと悩んでいたのですが、パソコンとインターネットを味方に付けることで流通を大きく変え、売上げを急回復させたのです。

まず、お客さまに自分のパソコンで「版」を作成していただきます。そして、その「版」をインターネットでプリントパックに送っていただき、自社で印刷し、商品をお届けする。このようにすることで、名刺100枚を430円でお届けするという大変安いプランを展開することが可能になったのです。まさに「印刷のインターネット通販」と言えるでしょう。

このように世の中の大きな流れを見極め、自社の流通を含めて、業態をどのように変えていくかを考えることが大切です。

4 Promotion（広告・宣伝）

「Promotion（広告・宣伝）」は、お客さまに自社や自社のQPSが他社とどのように違うのかを知っていただくための手段です。当たり前ですが、お客さまは知らないものを買うことは不可能ですから、プロモーションは外すことのできない要素です。

広告・宣伝の手法は、新聞、雑誌、テレビ、ラジオなどのマスメディアのほか、ビルボードや駅の看板、野立て看板など、さまざまな媒体の活用が挙げられます。今ではそれらに加え、インターネットを利用したプロモーションの占める割合が高くなりつつあります。自社がターゲットとする顧客へのアクセス、予算、ライバル社の動向などを検討したうえで、ベストなプロモーションの組み合わせ（プロモーション・ミックス）を考えることが大切です。

プロモーションの予算に関しては、大企業では、売上げや利益に応じた割合で決めているケースが多い一方で、中小企業では業績に応じて「使えるだけ予算に計上しよう」と考えているところが少なくありません。

プロモーションの考え方はさまざまあり、1つは「ＡＩＤＭＡ」というものがあります。Attention（注意）、Interest（興味）、Desire（欲求）、Motive（欲求の高まり）、Action（購買行動）という消費者の購買行動プロセスを説明するためのモデルです。

消費者の心理が購買行動のどの段階にあるかを見極めて、そのタイミングに効果的なプロモーションを行うことで、購買へとスムーズにつなげられるのです。

もう1つ、「ＡＭＴＵＬ」という考え方もあります。Awareness（認知）、Memory（記憶）、Trial（試用）、Usage（日常利用）、Loyalty（愛用、継続試用）というように、消費者の購買のプロセスや程度を5つに分解する方法です。

ＡＩＤＭＡが短期的な購買行動を説明するのに対し、ＡＭＴＵＬは消費者のより長期的な行動の移り変わりに着目したモデルです。ここでは詳しくは触れませんが、こういった手法も参考にしながらプロモーション戦略を打ち出すのも有効です。

5 Partner（パートナー）

最後のＰである「Partner（パートナー）」は、5つのなかでも近年特に大切な要素です。専門性がより高まっていく現在の経営環境において、どのようにパートナーを選ぶかは、会社の命運を決めると言っても過言ではないからです。

少し古い事例になりますが、パートナーによって大きく売上げを伸ばした会社があります。情報通信大手のソフトバンクは、今では年間6兆円近くの売上規模を持つ大企業ですが、柱である通信事業を大きく拡大させたきっかけとなったのは、米アップル社の「iPhone」を他社に先駆けて日本国内で独占販売したことでした。

ソフトバンクはアップルをパートナーにすることで飛躍的に契約者数を伸ばしました。アップル側もソフトバンクに日本での独占販売権を与えることで知名度を高められ、プロモーションという側面のみならず、利益の面でも大きなメリットを享受できたのです。

こういったパートナー戦略は、製品分野にとどまりません。私は「キャス・キャピタル」というプライベート・エクイティ・ファンド（会社の経営権を取得して、その企業価値を高めることを目的とするファンド）の社外取締役を務めています。ファイナンスや経営面においてもファンドをはじめ適切なパートナーを選ぶことで、企業価値が向上するスピードが大きく変わることをたくさん経験してきました。

キャス・キャピタルは、上場企業を含む10社以上の経営権を取得しました。ファイナンス上の手助けを行うだけでなく、経営者を派遣したり、弱い部分の幹部を派遣したりと、さまざまな手法で企業経営に協力してきました。その結果、投資した多くの会社で企業価値を高めることに成功したのです。

製品や流通のみならず、場合によってはファイナンスや経営に関しても、適切なパートナーを選ぶことが重要です。

特に近年では消費者のニーズが多様化し、非常に複雑な環境ですから、事業のすべてを自社で行うのは難しくなりつつあります。逆に言えば、パートナーと協力することで、大きな成果を得ることができるようになってきたのです。

ここまでマーケティングの「5つのP」についてそれぞれ説明してきました。Product、Price、Place、Promotion、Partnerのこれら5つの要素は、自社で決めるものであり、変えられるものです。お客さまが望むQPSを素直に謙虚に見つけ出し、それに合わせて会社は5つのPを適切に変えていく。それがマーケティング戦略の根幹になります。

M&Aで気を付けるべきポイントは

お客さまの望むQPSを見つけ、マーケティングの「5つのP」をつくり出すために、M&Aを行う企業が少なくありません。実際に私のお客さまのなかでも、「新しい製品を作りたい」「販路を拡大したい」「製造設備が欲しい」などの理由で、頻繁にM&Aを行うケースを見かけます。

一方で、後継者問題などによって会社を売却しようとする経営者も増えています。実際に国内のM&A件数は年々増加しており、2024年には日本企業が関わったM&A件数は過去最多の約4700件となりました。

このようにM&Aをやりやすい時代になってきましたが、むやみにM&Aをしてしまうのはあまりにもリスキーです。ここでは、M&Aを行う際の注意点について述べたいと思います。

買収側において、M&Aによる一番のメリットは「時間を買う」ことです。買収すれば、即座に買収先の製品や製造設備、販路、人員などが手に入ります。これらによって企業の成長スピードを速められる点では、経営戦略として非常に有効と言えます。

ただ、注意しなければならないのは、買収する企業を高値で買わないことです。特に中小企業の場合、「会社を買いませんか」と話を持ちかけられると、最初のうちは経営者は舞い上がってしまって高い値段で企業買収の話を進めてしまうケースが多々あるのです。

M&Aの話が舞い込んできたら、一度冷静になり、対象の会社の中身を精査することが必要です。財務内容、製品やサービスの中身、仕入れ先、保有する技術、市場、顧客、訴訟の有無、将来の見通しなど、さまざまな視点から詳しく調べるのです。

時々、M&Aの話が来ると、「買い時は今しかない」と焦って買ってしまう経営者がいるのですが、決断を急いでしまうと危険です。多くの場合、この案件を逃しても、必ずまたチャンスがやって来ます。先にも触れましたが、これからの日本は後継者不足の問題がますます深刻化していきますから、M&Aの案件は今後もたくさん来るはずです。

もちろん、よほどいい会社を買う場合でしたら話は別ですが、基本的には、1つの会社に執着しないようにすることが大切です。

また、「M&Aをしたい」と狙っている会社がもともとある場合であっても、焦って買うことはリスクを伴います。コンサルタントや会計士などのアドバイザーを雇い、「会社を売ってくれませんか」と話を持ちかける場合も、その会社が売りに出される場合も、必ず予算を決めておくことが重要です。

そして、値段が合えば買収する。会社の値段が高すぎる場合は、無理に買収せずやめておく方が得策である場合が少なくありません。機会は必ず来ますから、辛抱強く「待つ」ことが大切なのです。

2つ目の注意点は、M&Aのアドバイザーを雇う場合は、慎重に決めるようにすることです。日本のM&A市場は、まだ十分に成熟していません。そのなかで、M&Aのアドバイザリーに特化している会社の一部が、裏で「いかさま」をしているケースが少なくないのです。

不動産売買では、仲介業者が売り手と買い手の両サイドに立ち、両方から手数料をもらうケースがあります。しかし、M&Aでは、両サイドのアドバイザーになることは通常ではあり得ません。不動産と違い、企業価値の算定は、その手法などにより大きく違う可能性があるからです。

一般的には、M&Aアドバイザーも不動産仲介業者と同様に、「売買価格の何%」の手数料を取ります。すると、高く会社を売った方が、買い手のアドバイザーも売り手のアドバイザーも儲かるということになります

そこでM&Aアドバイザーが両サイドのアドバイザーを兼務しますと、できるだけ手数料で稼ぐために、必要以上に会社を高く売ろうとするのです。また、必要な情報を顧客に流さない可能性もあります。両サイドのアドバイザーになるような会社と契約してはいけません。

不動産取引の場合、ある程度は路線価などが決まっていますから、価格帯が大幅にぶれることはありません。しかしM&A取引では、会社の値段の計算方法や前提条件の設定方法によって、価格が数倍も変わってしまうケースがあります。そこで、これを悪用して会社の値段を意図的に釣り上げるアドバイザーもいるのです。

やり手のアドバイザーになりますと、価格に「相乗効果（シナジー）」を加味します。しかし、本来であれば、相乗効果など買収価格に含んではいけないのです。

特に、会社を買おうとしている経営者が初めてのM&Aをする素人であった場合、買収に大きな希望を抱いてしまう傾向があります。すると盲目になってしまい、アドバイザーの言われた通りに高値で買ってしまうケースが少なくありません。

そもそもは買収金額を抑えるのがアドバイザーの仕事ですが、同じ会社がアドバイザーとして売り手と買い手の両サイドに立つ案件を担当してしまうと、高値で会社を売りつけるだけになってしまいます。アドバイザーを選ぶ場合は、片方の会社にしかつかない人を選ぶことが大原則です。

確かにM&Aは、事業を拡大する上で有効な手段であることは間違いありません。

買う側の会社が、すでに自社製品の売れ行きが好調であり、なおかつ自社だけでは生産が追いつかない場合は、生産設備を増やすために適切な価格で買収する。10年戦略などの長期戦略のなかで、ほかの地域に拡大することを考えている場合、他地域の会社を買収する。あるいは特殊な技術が必要になった場合に、技術を持つ会社を買収する。そういったしっかりとした自社戦略を持ち、かつ適正価格で買収するケースは、M&Aが成功する確率が高いと思います。

しかし、私のお客さまを見ていると、多くの場合が紹介案件であり、高い値段で会社を買ってしまうことが少なくありませんでした。もちろん非常に良いM&A案件ならば、手ごろな案件が来たタイミングで買収すればいいでしょうが、あまり考えずに買ってしまうのは危険です。

当然のことながら、高く買うほど買収後利益を出すのが難しくなります。また買収後の人や組織の問題も簡単でないケースは多いのです。M&Aは、慎重に決めることが大切です。

戦略を立てたら、PDCAサイクルを高速で回す

ここまで戦略立案の考え方や手法について述べてきました。ミッション、ビジョン、ウエイを明確にし、外部環境分析と内部環境分析を行ったうえで3カ年計画を立て、その1年目を実践する。ここまで進めたら、あとは「PDCA（Plan、Do、Check、Action）」のサイクルを高速で回すことが必要です。

経営改革を立て、それを具体的な行動計画に落とし込むだけではなく、それを必ずチェックし、修正していくのです。

最も悪いパターンは、計画の立てっぱなし。多くの会社では、毎月、戦略会議などで進捗をチェックしているでしょうから、そのときに現状とあるべき姿とのギャップを正確に把握し、計画を達成する手段をその都度検討する必要があります。

ある会社では、目標達成を確実にするために経営陣によるチェックの会議を毎週開くようにしたところ、多くの部署で達成できるようになりました。毎月やっていたのを毎週にしたのです。

この会社では、全体の目標チェックとともに、各部署でも短いサイクルでチェックを行うことで、目標の達成度合いが格段に上がりました。「チェックし、修正する」という習慣が身に付いたことが、目標達成に大きく寄与したのだと思います。

どうしても目標達成が難しい場合は、目標を変更することも必要です。その際には、部署ごとの目標とともに、全体の目標も検討し直さなければなりません。

最後に必要なことは、「反省」です。私は多くの経営者を見てきましたが、成功した経営者も、会社をつぶした経営者も、いずれも前向きで他人を思いやる人が少なくありませんでした。では、成功した経営者と会社をつぶした経営者の間には、どこに違いがあるのでしょうか。

私なりに考えてみたところ、「反省するか、しないか」だと結論付けました。

ＰＤＣＡにおいて戦略立案は極めて大切ですが、それと同じくらい、反省することが重要だと考えています。経営者個人でも同じです。

うまくいかない経営者は、反省しないのです。うまくいっても、いかなくても、独善的です。反省しなければ、過去の成功も失敗も未来につなげることはできません。

『論語』には、「吾、日に吾が身を三たび省みる」とあります。「一日にいくたびとなく自分の身を反省してみて、正しい言動をする」という意味です。経営者は、反省する習慣を持つことが非常に大切なのです。

高収益企業をつくるには――「良い仕事」から「良い会社」へ

高収益企業をつくるために必要なこととは何でしょうか。本章の最後に、この点について述べたいと思います。

私には、「良い仕事をしたら、良い会社になる」という持論があります。

「良い仕事」とは、３つの定義があります。①お客さまが喜ぶこと、②働く仲間が喜ぶこと、③工夫です。工夫とは、お客さまが喜ぶことや働く仲間が喜ぶことを、より良く、より早く実行するために工夫することです。

こうして働く人が良い仕事に集中できる環境をつくることで、より良い会社になっていく。これが私の基本的な考え方です。

ただ、言葉で表現するのは簡単ですが、実際のところ十分に理解できている人は多くありません。

「良い会社」の定義も3つあり、①良い商品やサービスを提供することでお客さまに喜んでいただき、それらを通じて社会に貢献する会社、②社員が幸せな会社、③高収益な会社です。

社員の幸せとは2つあり、1つは働く喜び、働きがいを感じること。2つ目は、経済的喜びがあること。

ここで大切なのは、ここの順番を間違えないことです。「社員の経済的喜び」を最優先にしてしまいますと、「金の切れ目が縁の切れ目」の会社になってしまうからです。

もう1つ重要なことは、「高収益」の定義です。

良い仕事を徹底すると、その結果、高収益企業になります。高収益企業とは、「付加価値（売上高－仕入れ）の20％の営業利益」を出す企業と私は定義しています。これは大企業に限らず、中小企業でも十分実現可能なラインです。私のお客さまのなかにも、この水準を達成した中小企業がたくさんあります。

稲盛和夫氏は「業種に関係なく、事業を営む以上は最低でも10％以上の売上高営業利益率を上げられないようでは、企業経営のうちには入りません」と述べています。大部分の会社ではその考え方を適用しても問題ありませんが、付加価値率は企業によって異なります。

製造業の付加価値率は原材料の仕入れのほか、製造設備の運転費用、エネルギーの費用などがかかりますから、30～40％程度のところが多いでしょう。一方、私たちのようなコンサルティング会社は仕入れがほとんどありませんから、付加価値率はほぼ１００％です。従って、私たちの業界だと売上高営業利益率10％は比較的容易に達成できてしまうのです。他方、卸売業のようなところでは、20％程度の付加価値の会社も少なくありません。

そこで私は、先にも触れたように「付加価値の20％の営業利益を目指してください」とお客さまにお願いしています。

そのためには、繰り返しになりますが、「お客さまが喜ぶこと」「働く仲間が喜ぶこと」そして、「それらを早く実行するための工夫」を徹底して実践するのです。これらに集中することが、高収益企業になるための一番の近道です。私の人生の師匠である禅寺の住職、藤本幸邦老師の教えにあるように、「お金を追うな、仕事を追え」なのです。

ドラッカー氏は「そもそも利潤動機というものがあることさえ疑わしい」とまで述べています。これは非常に分かりにくい言葉で、多くの人が理解できていません。というのは、ほとんどの人が会社は利益を出すための組織だと認識しているからです。大企業の経営者でも経営が十分に分かっていない人は、売上げと利益を伸ばすことが会社の使命そのものだと考えています。「目的」と「目標」の違いが分かっていないのです。売上高や利益というのは、あくまでも良い仕事をした結果なのです。目標ではありますが、目的とは違います。

もちろん、売上げや利益を出さなくてもいいというわけではありません。良い仕事をした結果や評価が売上げや利益で、また利益には、会社や社会を成長させる手段でもあるので、とても大切なことですが、目的ではありません。

ドラッカー氏は、経営者が着目すべきなのは、「成果」だとも言っています。

世の中が求めているのは、その会社の利益ではなく、成果物です。そして、売上げや利益は、成果物に対する「結果」でしかありません。良い成果物を出さない限り、その結果として売上げや利益を伸ばすことはできない。ここを伝えようとしているのです。繰り返しますが、「お金（結果）を追うな、仕事（成果物）を追え」なのです。

この順序を間違えて倒産の危機に陥ったのが、東芝です。東芝は2008年度から2014年度にかけて、不適切会計を行っていました。その総額は約1518億円にも上ります。従来の利益は500億円強でしたから、利益は大幅にかさ上げされていたのです。

この事件の最も大きな原因は、上層部からの圧力でした。当時の社長は部下に対して「3日間で120億円の利益を上げろ」と無理な命令を下していたのです。これは、本来の企業の使命や目的を大きく逸脱した行為と言わざるを得ません。従業員に無理強いをし、不正行為を誘発するようなことをしてまで売上げや利益を追求するのは、明らかに本質的な企業の存在意義に反することです。

その結果、東芝は完膚なきまでに分解され、上場廃止にまで追い込まれてしまいました。東芝ほどの名門大企業でも、目的と目標や、成果物と結果との違いをはき違える経営者が何代か続くと、会社がおかしくなってしまうのです。

特に中小企業の場合は、この点に注意しなければなりません。というのは、中小企業は大企業に比べて規模が小さいですから、経営の良否がすぐに会社の命運につながるからです。

もう一つの注意点は、利益が出たら、すべてオーナー社長のお金にしてしまうケースが少なくないことです。藤本老師は、「お金はないと不自由だが、魔物でもある」とも述べていました。

お金は人を幸せにしてくれるものですが、使い方やお金に対する考え方を誤ると魔物にもなります。私はこれまで多くの経営者を見てきましたが、なかには事業がうまくいって、突然、思わぬ大金が転がり込んできた人もいました。この時、しっかり「生き方」の勉強をしていなければ、お金の魔力に負けてしまいます。

収入が増えると、高級なホテルやレストランに行けば厚遇され、ブランド店に行けばちやほやされ、非常にいい気分になります。そのような状態に慣れますと、そのうち、「相手はお金に頭を下げている」ことが分からなくなり、「自分は偉い」と勘違いするようになります。その結果、「金さえあれば、何でもできる」と考えるようになり、お金を稼ぐことが目的化してしまうのです。

しまいには、お客さまを大切にするという当たり前の意識も薄らいできます。当然のことながら、ここまで来るとビジネス自体もうまくいかなくなってしまいがちです。ところが、金の亡者と化した経営者は冷静な判断ができなくなっていますから、余計にお金に執着し、ビジネスも悪化していきます。そして次第に、お金に困るようになるのです。

それでも自分を省みることができず、考えなしに借金を重ねていき、最後には会社をつぶしてしまう。私は、そういう残念な経営者を何人も見てきました。

このような状況に陥らないためにも、「良い仕事に集中し、良い会社にしていく」ことを念頭に置くことが肝要です。利潤動機、つまりお金を絡ませない方が、結果としてうまくいきます。何度も言いますが、「お金を追うな、仕事を追え」なのです。良い仕事をして、良い会社にしていけたら、結果としてお金はきちんとついてくるのです。

第4章

変化を読む経営と原理原則

第4章では、マクロ経済を考察しながらいつの時代も変わることのない経営の原理原則について述べていきます。金利上昇が起こる時代では、この原理原則が今まで以上に大切になります。厳しい時代を乗り越えられる「強い会社」をつくるために、経営者はこの原理原則をもとに日々努力を重ねていくことが求められるのです。

これから外部環境はどのように変化するのか――日本国内とアジアに注目

第3章の「正しい戦略を立てるための『外部環境分析』と『内部環境分析』」で、業界や企業規模を問わず、どの会社もマクロ経済の大きな流れには逆らえないと述べました。ここでは、特に経営者が注意しなければならないマクロ経済や社会の潮流について説明したいと思います。

■日本国内は人口減少と少子高齢化が進んでゆく

日本が抱える最も大きな問題に、人口減少と少子高齢化があります。2024年の出生数は72万988人、9年連続で減少し、過去最少となりました。その一方で、2025年には団塊世代が全員後期高齢者になります。

団塊世代はピークの出生数が年間約270万人でしたから、現状の4倍近くにも上ります。このように少子高齢化が急速に進んでいることから人口減少も著しく、日本の人口は年間89万人というペースで減っています。(日本の人口という場合には、長期滞在の外国人も含まれています。)

この人口減少と少子高齢化は、今後、社会保障制度に大きな影響を及ぼすことは間違いありません。

現在の社会保障制度は、まさに自転車操業です。年金制度や医療・介護制度は、現役世代が高齢者世代を支える「世代間扶助」ですから、現役世代の負担が増加し続けています。

医療制度も、その負担は現役世代に集中しています。1人あたり医療費の平均は、後期高齢者である75歳以上は96万5000円であるのに対し、75歳未満は25万2000円。後期高齢者は他の世代の4倍の医療費がかかっています。

2025年に団塊世代の全てが後期高齢者になるのですから、今後ますます医療費負担が増加していくことは避けられません。

年金制度も同じ構図です。さらに言えば、少子高齢化が急速に進むなか、現状の仕組みのままでは、現役世代が年金を支え続けられないことは明らかです。近い将来、受給開始年齢が現在よりも2～3年後ろ倒しするように制度が変更になる可能性が強いでしょう。

ここで注意すべきなのは、インフレの影響です。年金制度は、そのときの社会情勢に合わせて年金の給付水準を自動的に調整する「マクロ経済スライド」という仕組みが導入されています。

年金支給額は賃金や物価の上昇率に応じて増えていきますが、制度を長期的かつ安定的に運用するためには、現役世代の人口減少の度合いや平均余命の伸びに応じて支給額を抑制していかなければなりません。そのバランスを取るのが、「マクロ経済スライド」です。この仕組みによって、インフレ率が上昇すると年金額も増えるのですが、現役世代の人口減少や平均余命の伸びが考慮され、実際のインフレ率ほどは増えないようになっています。

見方を変えれば、デフレになったときは年金額を引き下げなければならないはずです。しかし、2000年代のデフレ期間、マクロ経済スライドは発動されませんでした。それを実行してしまうと与党の票が減ってしまうという政治的思惑があったからです。

会計予算案　歳出・歳入の構成

（単位：億円）

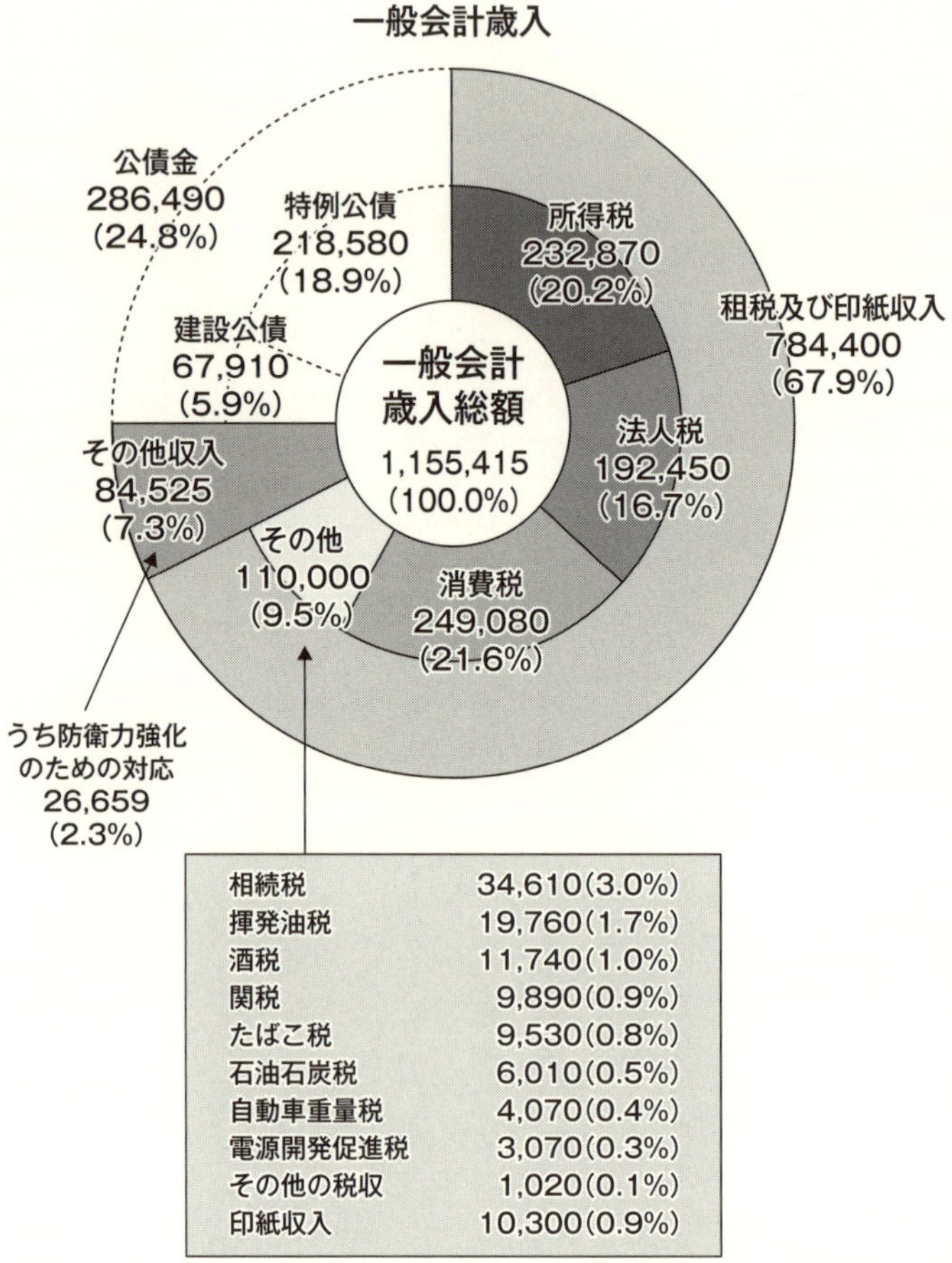

相続税	34,610（3.0%）
揮発油税	19,760（1.7%）
酒税	11,740（1.0%）
関税	9,890（0.9%）
たばこ税	9,530（0.8%）
石油石炭税	6,010（0.5%）
自動車重量税	4,070（0.4%）
電源開発促進税	3,070（0.3%）
その他の税収	1,020（0.1%）
印紙収入	10,300（0.9%）

注1：計数については、それぞれ四捨五入によっているので、端数において合計とは合致しないものがある。
注2：一般歳出における社会保障関係費の割合は56.1%。
出所：財務省

図表4-1　令和7年度一般

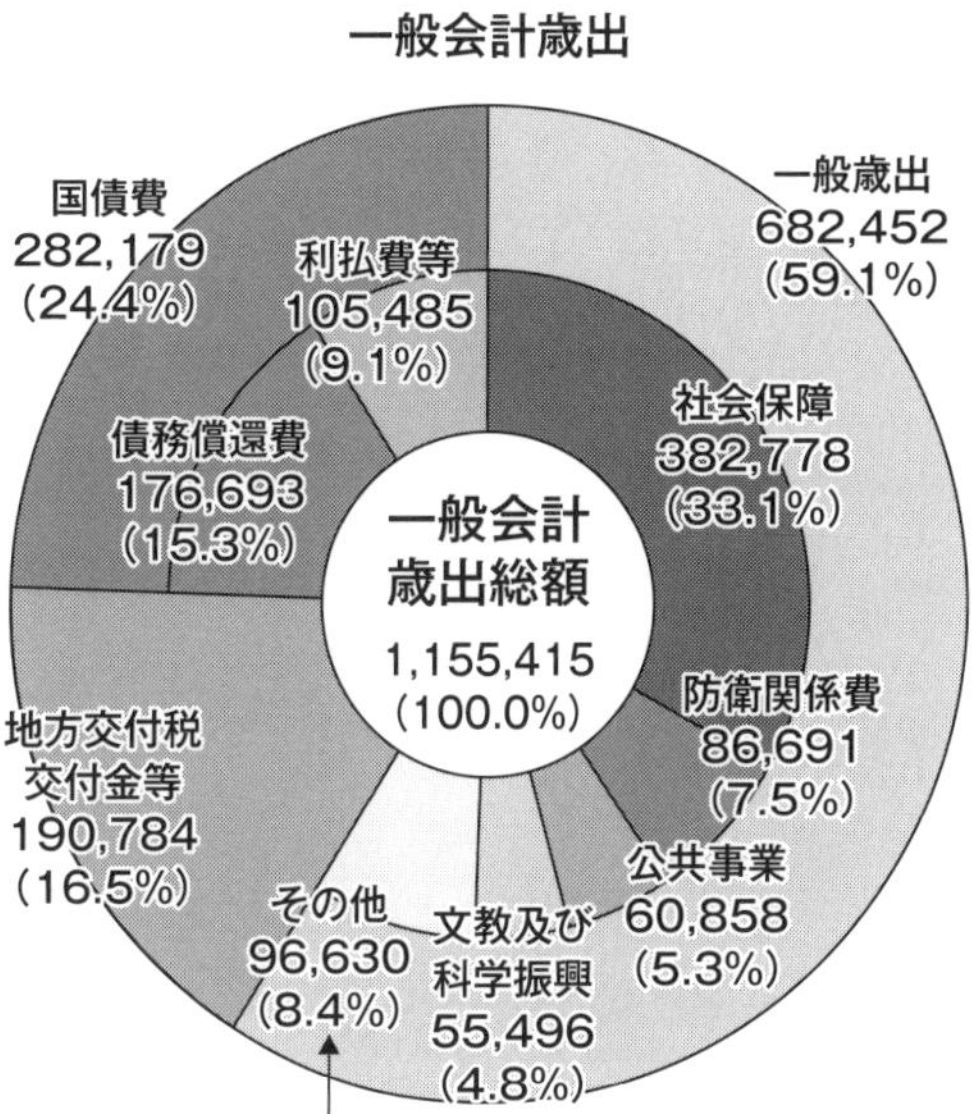

食料安定供給関係費	12,609(1.1%)
エネルギー対策費	8,111(0.7%)
経済協力費	8,669(0.7%)
中小企業対策費	1,695(0.1%)
恩給関係費	623(0.1%)
その他の事項経費	58,543(5.1%)
予備費	10,000(0.9%)

※「一般歳出」とは、歳出総額から国債費及び地方交付税交付金等を除いた経費のこと。
※「基礎的財政収支対象経費」(=歳出総額のうち国債費の一部を除いた経費のこと。当年度の政策的経費を表す指標)は、876,760(75.9%)

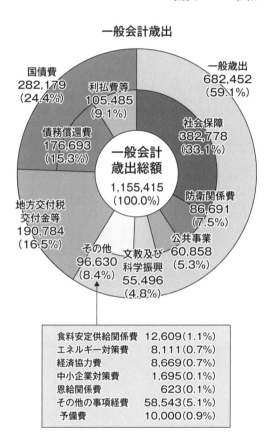

このような背景から、日本の社会保障財政はますます逼迫し、現在のようなインフレが起こっても年金支給額を十分に引き上げられなくなっているのです。

2025年度の予算案は、一般会計の総額が約115兆円を上回り過去最大の規模となりました。このなかで最も大きなウエイトを占めているのが、社会保障費38兆円です。

ただ、ここにおかしな点があります。一般的には、年金や医療費は特別会計予算に含まれるはずです。なぜ、これらが一般会計予算に計上されているのでしょうか。

講演会でこの質問をすると、「大きな支出は生活保護費ですか」と答える方がいらっしゃいます。確かに生活保護費は社会保障費に含まれていますが、3・7兆円程度です。

答えは非常にシンプルで、社会保障費は特別会計予算だけでは賄えないからです。一般会計から年金と医療費にそれぞれ10兆円以上の補助をすることで、ようやく社会保障制度が成り立っているのです。

ここからが問題になります。現在、一般会計予算には約10兆円の利払費が計上されています。ここで金利が上昇していきますと、2028年度には金利の上昇にともない利払費が今より1・5倍程度増え、約16兆円まで膨らむとの試算があります。すると、ただでさえ悪い日本の財政が、より悪化することは間違いありません。

少子高齢化によって社会保障費が増え、さらには利払費も膨らんでいくとなると、政府は財政赤字を拡大せざるを得なくなります。

すると、何が起こるでしょうか。国債を増発しなければなりませんから、金利上昇のリスクがさらに高まるのです。社会保障の問題と同時に、金利上昇の問題が加わるという悪循環に陥ってしまう恐れがあるのです。

第1章の「このままでは予期しない金利高が起こる——財政赤字と金利上昇」でも述べましたが、今後、現在シングルAプラスという日本の格付けが引き下げられることがあれば、さらに金利は上昇し、長期金利が3～5％まで上昇しても不思議ではないと私は見ています。

中国経済はどうなる?

日本経済に大きな影響を及ぼす中国経済の動向も無視できません。中国は今、デフレ懸念や不動産不況といったさまざまな問題を抱えています。

中国経済の見通しについて述べる前に、マクロ経済におけるインフレ率の見方を少し説明します。

私は、インフレ率を「経済の体温計」と捉えています。景気が回復すると、給料が上がって消費も伸びますから、ディマンドプル型の「良いインフレ」が起こりやすくなります。基本的には、インフレ率が上がると経済が活発化していると判断していいでしょう。

もちろん、インフレ率が上がるときは、コストプッシュ型の「悪いインフレ」の場合もありますから、物価上昇の要因には注意が必要です。戦争などで資源価格が上昇したり、円安によって輸入価格が上がったりというように、コストプッシュ型のインフレには必ず原因があります。

また、インフレ率が高くなりすぎてしまう場合にも注意が必要です。米ＦＲＢはインフレ率目標を２％に設定しており、ＥＣＢも２％です。日銀も同じ水準です。一般的に、各国の中央銀行は、自国の経済状況などを加味した上でインフレ率目標を定めています。

この水準を大きく超えるようになると、国民生活にも影響が出始め、ひいては景気の悪化が懸念されます。そこで中央銀行は、政策金利を上げてインフレの過熱を抑えようとするのです。また、緩やかでも下がり続けては、経済は冷え込み始めます。万一デフレにでも陥れば、日本も以前に経験した「デフレスパイラル」になる可能性もあります。価格が下がるので、売上げ・利益が減り、その結果給与が下がり、さらに需要が減りデフレが続くという負のスパイラルです。

このように経済の体温は、人間の体温と同じように上がりすぎても下がりすぎてもよくありません。中央銀行が目標とするインフレ率を安定的に維持することがベストとされているのです。

話を中国経済に戻します。今、中国のインフレ率に異変が起こっているのです。

中国の消費者物価指数（前年比）の数字を見ますと、2023年10月からマイナスの数字が続き、2024年には少し戻したもののゼロ付近を推移。2025年1月にはプラス0・5%となっています。ただ、これは1月28日から始まった春節休暇の影響があります（図表4－2）。

第1章の「石破茂首相は『デフレ脱却』を掲げているが…」でも触れましたが、同年同月の日本のインフレ率はプラス3・2%、米国はプラス3・0%、ユーロ圏は2・5%ですから、中国だけかなり低い水準であることが分かります。

インフレ率は経済の体温計ですから、中国経済がかなりに冷え込んでいると言っても過言ではありません。

なぜ、中国のインフレ率はこれほどまでに低下しているのでしょうか。コロナ禍の経済

図表4-2　中国の消費者物価指数の推移

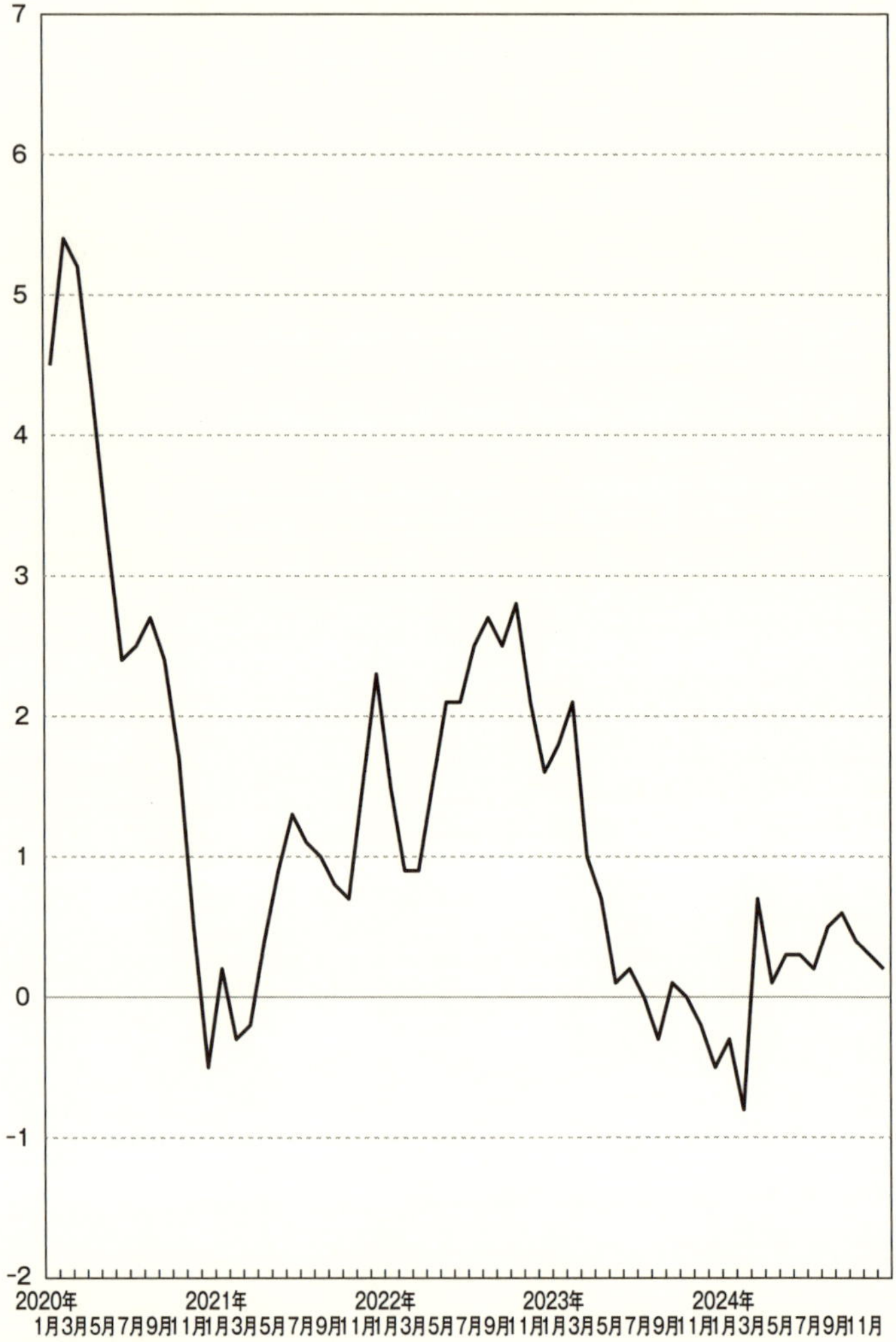

出所：中国国家統計局

対策として過剰な投資をして供給過剰に陥っているという理由もありますが、最も大きな要因は不動産不況です。

中国の不動産市場は長い間右肩上がりで成長していましたが、2021年あたりから主要都市を中心に急速に市況が悪化しました。

その要因は、習近平政権が進めた「腐敗撲滅」に続いた「共同富裕」です。習近平氏は貧富の格差を是正し、すべての国民が豊かになることを目指す共同富裕を実現しようとしていました。

その一環として、不動産融資規制が実施されました。これが、中国経済に大きな影響を及ぼしたのです。

中国では2021年にかけて、空前の不動産バブルが起こっていました。富裕層は住みもしない住宅を投機のためにどんどん購入していたため、住宅価格がうなぎ上りに上昇していったのです。上海や北京などの都市部を訪れると、高層マンションが建ち並んでいますが、夜になってもほとんど明かりがついていません。まさにゴーストタウンと化しているのです。

そこで習近平氏は格差を是正するために「住宅は住むためのものであって、投機の対象ではない」とし、住宅市場の健全化に取り組み始めました。不動産に資金が流れないように、不動産融資規制をかけたのです。

その結果、多くの不動産企業が債務不履行（デフォルト）に陥りました。もっとも大きな影響を受けたのは、2024年1月に香港の裁判所から清算を命じられた不動産大手の恒大集団です。さらには業界1位の碧桂園（カントリーガーデン）も経営危機に陥っており、2023年12月期の連結決算では約3兆8500億円の最終赤字を計上しました。

中国の不動産バブルが崩壊して金融市場に大きな影響が出るのではないかと、世界中の市場関係者が注目していますが、私は、すでにバブルは崩壊しているのではないかと見ています。

今後、日本にもこの影響が及ぶことは間違いありません。

日本でバブル崩壊が起こった1990年代前半、当初は、国内では「不良債権の総額は約20兆円」といわれていました。しかし、国際ニュース誌「Newsweek」では、「100兆円」と報じられていました。

日本の市場関係者たちは、「100兆円などあり得ないだろう」と考えていましたが、最終的に金融機関が処理した不良債権の総額は100兆円に上ったのです。さらにはバブル崩壊後に日本が陥ったのは、「失われた30年」でした。

中国が抱える不良債権は、一説には1000兆円ともいわれています。そのうち実際に数百兆円でも焦げ付いてしまったら、中国経済のみならず日本経済も無傷ではいられないでしょう。

さらにはトランプ大統領が就任直後の2025年2月、カナダとメキシコからの輸入品に25％の関税をかけ、中国は10％の追加関税を課す大統領令を発令しました。これも、中国経済が冷え込む一因となります。

では、日本への影響とは具体的にどのようなものでしょうか。

1つは、観光業への影響です。今のところ中国からの訪日観光客数はそれほど減少していませんが、中国経済の動向によっては減少に転じ、観光業に影響が出る可能性があります。

2つ目は、不動産価格の下落です。2024年7月、中国の上海豫園旅游商城が北海道のリゾート施設「星野リゾートトマム」（北海道占冠村）を408億円で売却したと報じられました。親会社である投資会社・復星国際が、中国の不動産不況などによって経営が悪化したことが大きな要因です。

また、日本国内の不動産価格が都心部以外で下落し始めたとの報道もあります。その要因の一つに、中国人をはじめとする外国人投資家が売却している可能性があります。今後、日本国内の不動産価格の動向にも注意が必要です。

3つ目は、中国と直接関わっている日本企業へのダメージです。特に中国依存度の高い企業は影響が大きくなります。中国で商品やサービスを展開する会社や、中国国内に工場を持ち、現地で製造や販売をしている会社、中国で事業展開している企業の下請けになっている会社などは、業績悪化の恐れがあります。

「中国が風邪をひけば、世界経済の減速は避けられない」という言葉もあります。中国経済がこれからどのように動いていくかを判断するには、経済の体温計であるインフレ率が正常に戻るかどうかが重要な注目点となります。

私は、中国経済は多少戻ると見ていますが、これまでのような実質年率6％を超えるような成長を続けるのは難しいと考えています。

中国は長い間「一人っ子政策」を実施してきましたから、少子高齢化が進んでおり、すでに人口減少時代に突入しています。すると当然のことながら、中長期的に経済が減速していくトレンドに入っていきます。

さらに言えば、景気が減速すると格差の問題がクローズアップされますから、中国国内でさらに動乱が起こりやすくなることが予想されます。中国は56の民族からなる多民族国家なのです。中国と直接関わっている会社の経営者は、中国の経済指標とともに、習近平政権が打ち出す政策にも注意が必要です。

■中国経済の影響が大きい東南アジア諸国

日本は中国経済の影響を大きく受けますが、それ以上に影響を受けるのが東南アジア諸国です。

タイ、マレーシア、ベトナムなどの東南アジア諸国は中国への輸出や中国からの投資に依存している国が多いことから、今後、中国経済の減速とともに景気が悪化していく可能性があります。

20年ほど前までは、中国は「世界の工場」と呼ばれていました。人件費が安いことから、世界中の企業が中国に生産拠点を置いたのです。

ところが、今では生産拠点よりも消費地としての魅力が大きく、中国は世界を代表する市場となっています。日本のＧＤＰは約４兆ドル、中国は約18兆ドルですから、中国は日本の4倍以上もの市場規模があるのです。

また、中国では「一帯一路」を進めています。アジアと欧州を陸路や海上航路でつなぐ物流ルートをつくり、貿易を活発化させて経済成長につなげようという政策です。2013年にスタートしたこの構想は、10年以上経過した今も参加国が増え続けています。

これにより、中国からの政府援助によって成り立っている周辺国も少なくありません。例えば、スリランカは中国にインフラ整備として多額の投資を受けていましたが、2017年に返済不能に陥るといった事態になりました。ほかにも経済規模の小さい国は、中国からの援助に依存している国があるのです。

こういった国々は、中国経済の減速とともにより一層冷え込む可能性があります。中国依存度の高い東南アジア諸国とビジネスをしている会社は、今後、その影響を受ける恐れがあることを念頭に置いておく必要があります。

経営者がやらなければならない3つの勉強

第3章の「『経営』という3つの仕事」で述べたように、会社が生き残るためには、経営者は正しい「方向付け」、つまり「何をやるか、やめるか」を正確に判断しなければなりません。

経営者が「正しい方向付け」を行うためには、「正しい努力」が必要です。

正しい努力とは具体的にどのようなことを指すかといいますと、私は「3つの勉強」だと考えています。

1つは、「新聞を読むこと」です。「会社」という字は「社会」という字の逆になっているように、会社は社会の一部ですから、どんなに大きな会社でも社会の流れに勝てる会社はありません。だからこそ、経営者は世の中の動きを常にキャッチし続けなければならないのです。

世の中の流れを知るには、新聞、特に日本経済新聞を読むことが非常に役立ちます。しかし、多くの人が「残念な読み方」をしています。記事の見出しだけに目を通していたり、自分の関心のあるところしか読まなかったりしているのです。

そういう読み方をしていると、自分の頭の中に残るのは関心のある記事だけになってしまいます。もともと関心の幅が広い人ならば問題ありませんが、そうでなければ偏った情報しか入ってこなくなってしまいます。

新聞から社会の流れを深く読み取るためには、ちょっとした「読み方のコツ」があります。

最良の方法は、新聞の1面トップ記事などの大きな記事を毎日読むことです。新聞の1面トップ記事は、新聞社が読者にもっとも知らせたい記事を選んでいます。ですから、自分の関心があろうがなかろうが、社会の最大の関心事であるはずです。各面の大きな記事も同じです。

1面トップ記事や大きな記事を毎日読み続けることで、社会の関心に自分の関心を合わせます。たとえ興味のないテーマだったとしても、「これが社会の関心事なんだ」と捉えて、しっかり目を通すのです。忙しいときは、リード文のある大きな記事のリード文だけでも読むことが大切です。

なお、新聞を読むときは、必ず1面トップ記事から順に読むことをお薦めします。なぜならば、新聞社は社会の関心の高い順、重要度の高い順に1面から記事を掲載しているからです。大きな記事だけでいいので集中力の高いうちに重要度の高い順に頭に入れていくことで、効率的な読み方ができます。

人は、関心のないものは何度見ても目に入りません。関心のないことは、何百回、何千回見ても記憶に残らないのです。「7-ELEVEn」のロゴの最後の「n」が小文字なのに気づいていない人が多いのも同じです。

従って関心のない記事は、意識して読まなければどんなに重要な記事でも読み飛ばしてしまいます。そこでリード文だけでも大きな記事を毎日読み続けていくと、少しずつ自分の関心の幅が広がっていきます。関心を持てば、さまざまなことが自然に目に入るようになるのです。

正しい努力の2つ目は、「経営の原理原則」を勉強することです。一番お薦めしたいのは、ピーター・ドラッカー氏の著書を読むことです。

ただ、ドラッカー氏の著書はいずれも複雑で難解ですから、残念ながら多くの人は完全には読みこなせません。そこで、ぜひ読んでいただきたいのが、ファーストリテイリング会長兼社長・柳井正氏の著書『経営者になるためのノート』（PHP研究所）です。

この本は、私が知りうる限りの経営者の著書のなかで最も素晴らしい書籍です。読みやすいだけでなく、内容が深い。おそらく柳井氏は、ドラッカー氏の著書をかなり勉強されているのだとお見受けします。

また、私の著書『経営者の教科書――成功するリーダーになるための考え方と行動』

（ダイヤモンド社）も参考にしていただければと思います。私の書いた経営に関する書籍のなかで、最も内容が詰まっています。

このように、経営者は経営の原理原則を書籍からきちんと学ぶことが肝要です。ゴルフでも、まずは基本的なフォームを練習して身に付けなければ、ボールはまっすぐに飛びません。数を打てばいずれできるようになると思われる方もいらっしゃるかもしれませんが、それでは時間がかかりすぎてしまいます。

最初に経営の専門書、それも原理原則がしっかりと書かれた本を手に取り、原理原則をしっかり勉強した方が、上達が早いのです。

3つ目は、「何千年もの長い間、多くの人が正しいと言ってきたことを学ぶ」こと。これが一番大切な勉強です。儒教や仏教、あるいはキリスト教などです。

経営者は、「正しい信念」を持つことが大切です。そのためには、何千年もの長い間、多くの人が「正しい」と伝え続けてきたことを勉強するのです。

これまで成功してきた多くの経営者たちは、「損得よりも『何が正しいか』で判断しなければならない」と説いています。逆に言えば、うまくいかない経営者は、損得でまず判断してしまうのです。中には犯罪まで犯す人もいます。

正しくないことは、儲かりそうであってもやらない。正しいことを選び、そのうえでどのように儲けるかを考えるようにすれば、大抵のことがうまくいくはずです。ここで言う「正しい」とは多くの人が長い間正しいと言ってきたことだと私は考えています。

正しい信念を持つために私がお薦めするのは、『論語』や『老子』などの中国の古典のほか、キリスト教の『聖書』や仏教聖典を読むことです。多くの人が正しいと信じて長く読み継がれた本には、真理があるからです。もちろん、それらに関連したより簡単な良い本もたくさんあるので、それらを入門書として読むこともお勧めです。

あるいは古典でなくとも、松下幸之助氏や稲盛和夫氏など、仏教や儒教を勉強し、多くの人が素晴らしいと認め大成功されている方の著書を読むことも大変勉強になります。さらに言えば、それらの書籍を読んだうえで実践する。これを繰り返すことで、「正しい信念」や「正しい経営」が身に付いていきます。

そして「繰り返す」というのがポイントで、良書を何度も何度も読み直すことが大切です。一度読んだだけで分かったつもりになっていてはいけません。

正しい信念がない経営者は、どこかで必ず失敗します。間違った信念であっても、その信念が強ければエネルギーが出ますから、一時的に稼ぐことは可能でしょう。しかし、しょせんは独りよがりの間違った信念ですから、足を踏み外してしまう人もいるのです。

繰り返しになりますが、「正しい信念」とは、何千年もの間、多くの人に支持されてきた思想であり、真の成功と幸せのためにこれらの思想を身に付けることです。これはビジネスにおける成功以前に、人間として幸せに生きるために最も大切なことでもあります。

そして、ビジネスもまた人間の活動の一つです。会社の成功も、経営者やリーダーが正しい考え方を持っているかにかかっている部分が非常に大きいと言えます。

松下幸之助氏の人生のキーワードに「自己観照」があります。経営者が自身の心を自分から取り外し、客観的にしっかり見て反省することから成長が始まるということを意味しています。そのときにきちんと判断基準を持っていなければ、誤った判断をしてしまいます。

「正しい信念」を含めて、ここで挙げた3つのことは一朝一夕には身に付きませんから、これら3つの勉強を「紙一重の積み重ね」でコツコツと積み重ねていくことが大切です。

今回お薦めした書籍が皆さんにとって合うかどうかは分かりません。長く読み継がれた評価の高い書籍のうち、自分に合うものを探してみてください。

顧客は誰か、顧客はどこにいるか――カントリーリスクが低い国

ドラッカー氏の事業戦略を考える際の言葉に、「顧客は誰か」「顧客はどこにいるか」という言葉があります。これらを定義する際、これから特に無視できなくなるのは「カントリーリスク」です。

カントリーリスクを考えるうえで最初に注意すべきは、中国です。私はお客さまたちに向けて、「これからの中国でのビジネスは、今までと同じ水準を維持できたらラッキーと思った方がいいですよ」と話しています。

かつて中国は「世界の工場」と呼ばれ、多くの日本企業が進出して製造拠点を構えていました。そしてその後、中国の発展にともない、人件費が上昇し、製造拠点としての魅力より消費地としての魅力の方が勝ってきています。

ただ、先にも触れたように、今後は中国景気が減速し、人口減少もあって市場も縮小していく可能性があります。さらには、強権的な政策も目立つようになり、かつ台湾有事が起こる可能性もゼロではありませんから、さまざまなリスクを考慮しながら戦略を立てて

いく必要があります。実際に、中国でビジネスをしていたお客さまが、早々にカントリーリスクの低い米国での活動を始めた事例もあります。

世の中はどんどん移り変わっていきますから、今まで好調だった国がそのまま好調であり続けるかは分かりません。特に中国は、政治的、軍事的な意味合いでもいつ何が起こるか分からないのです。

日本は戦後80年間、米国との安全保障条約もあって安定した時代を過ごしてきましたから、カントリーリスクは低い国と言えます。しかし、先にも触れたように、少子高齢化と人口減少が進み、国内経済はじり貧ですから、海外に活路を求めることも当然視野に入ってきます。その際は、米国やオーストラリアなど、比較的カントリーリスクが少なく、経済的、政治的にも安定した国を検討することが必要になります。

ただ、中小企業の場合は日本国内でもシェアが小さいですから、うまく戦略を打ち出せば、国内でも格段に伸びる可能性があります。利益率を高めるための戦略立案については、第3章でお話をしました。

変化に対応することとは、思考を柔軟にすることである

変化が激しく、先行きが不透明で将来の予測が困難な現代、経営者に求められるのは「思考の柔軟性」です。ところが、人間にはどうしてもこだわりやプライドなどがありますから、自分の考えを変えることはなかなか難しいのが実状です。

松下幸之助氏の著書『道をひらく』（ＰＨＰ研究所）には、次のような言葉があります。

「世の中は広い。その広い世の中を、狭い視野ですすめば行きづまる。

人生は長い。その長い人生を、狭い視野で歩めば息が切れる。

視野の狭い人は、わが身を処する道を誤るだけでなく、人にも迷惑をかける。

だから、おたがいの繁栄のために、おたがいの視野の角度を、グングン広げなければならない。

十度の視野なら十五度に。

十五度の人は二十度に。

もっとも、百八十度まで広げてみても、それでようやく、ものごとの半面が分かっただ

けだから、ほんとうは、グルリと三百六十度を見わたさなければならない。

それが、真の融通無碍、つまり解脱というものではなかろうか。」

また、次のようにも述べられています。

「富士山は西からでも東からでも登れる。西の道が悪ければ東から登ればよい。東がけわしければ西から登ればよい。

道はいくつもある。時と場合に応じて、自在に道を変えればよいのである。

一つの道に執すればムリが出る。ムリを通そうとするとゆきづまる。動かない山を動かそうとするからである。

そんなときは、山はそのままに身軽に自分の身体を動かせば、またそこに新しい道がひらけてくる。

何ごともゆきづまれば、まず自分のものの見方を変えることである。」

富士山に登るルートは、1つではありません。複数あります。富士山自身は動かないのですから、自分自身が視野を広げて登頂できるルートを探し、どのルートならば登れるのかを見極め、自分の足で登らなければなりません。

しかし、視野を広げずに自分の思考が凝り固まってしまうと、他のルートがあることすら気づけないのです。その原因は、成功体験に囚われること、想像力が欠如していること、世間を知らないこと、さまざまなことが考えられますが、いずれにしても多くの物事を目にし、耳にしなければ、視野を広げることはできません。

自分の考えに固執することは、ある意味楽なことでしょうが、それでは会社の生き残りは難しいと思います。

この本のテーマの1つである金利上昇によって、今後は競争環境が大きく変わっていく可能性があります。金利上昇以外の要因によっても、世の中はどんどん変わっていくでしょう。そのなかで事業も柔軟に変えていかなければ、会社を維持することすらままならない恐れがあります。

では、思考を柔軟にするには、具体的にどのようなことをすればいいのでしょうか。私がお薦めするのは、本を読むこと、人と会うこと、さまざまな場所に足を運ぶことです。

私は仕事柄、さまざまな業種の会社を訪問したり、いろいろな会社の商品やサービスを目にしたりするので、自分の知らない世界に日常的に触れることができます。地理的にも海外にお客さまがいたり、当社主催で海外セミナーも開いているので、いろんなところに行く機会があります。

例えば、ここ数年は年に1度はモンゴルのお客さまを訪問しているのですが、少し郊外に出ると大草原が広がっていて、馬に乗った人たちが走っていく景色を目にすることができます。このように普段行かない場所に足を運ぶと、自分の発想を超えたことがたくさん起こりますから、非常に大きな刺激になります。今年は当社主催のセミナーをグアムで開催し、それとは別に毎年お客さまと視察ツアーを行っているのですが、訪問予定地はモロッコです。昨年はスイスに行きました。意図的にいろんなところに行くようにしているのです。

もちろんそれだけではなく、本を読んだり、インターネットで情報収集をしたりしても構わないと思います。大切なのは、1つの考え方に凝り固まらないことです。

こだわりを持ち続けていると、正しく物事を見ることができなくなってしまいます。正しいことを勉強し続けている人でも、どこかで間違う可能性があります。時には「自分はどこかで間違っているのではないか」「ほかにも考え方があるのではないか」と反省することが大切です。

経営者や従業員の基礎力を高める――「思考力」と「実行力」

私は、経営者や従業員に必要な能力は、「思考力」と「実行力」だと考えています。これらは文字通り「考える力」と「行動する力」であり、お客さまに適切な商品やサービスを提供することや世の中の変化に対応することにも必要となる力です。

思考力と実行力、その両方を高めなければ、結果を出すことはできません。これら2つを、私は「ビジネスパーソンの基礎力」と呼んでいます。

では、それら2つの力はどのようにして高めていけばいいのでしょうか。

「思考力」を高めるには、難しい本を読むことや難しいことを考えることが必要です。考えながら文章を書くのもいいでしょう。

現代では、テクノロジーの進化によって日常的に思考する機会が大幅に減りました。かつてなら電車に乗る時、自分で路線図を見て運賃を調べ、切符を買い、紛失しないように保管しなければなりませんでした。

ところが現代ではキャッシュレス決済が可能になり、「ピッ」といわせるだけで運賃は自動計算されますから、かつて行っていた一連のプロセスが不要になりました。非常に便利な社会にはなりましたが、その分、頭を使う機会が減ってしまったのです。

その一方で、世の中自体はどんどん複雑化しています。経済はグローバル化し、国々の産業が互いに結び付いていますから、一つの国で起こった出来事が世界中に影響します。また、社会には異なる価値観や文化などの多様性が広がっています。テクノロジーの進化も、利便性を向上させる一方で、倫理的なジレンマが起こっている分野があります。

しかし、多くの人は思考力が十分に鍛えられていませんから、複雑な物事を単純化して考えようとします。そうすると複雑化している世の中に思考力がついていけず、一部の物事だけを切り取って理解したつもりになってしまいやすいのです。

ホワイトカラーのビジネスパーソンは、複雑な世の中にどのように対応するかを考えることが仕事です。経営者は特にそうです。企業戦略もますます複雑化していますから、思考力を身に付ける努力を積み重ねていく必要があります。しかも、多くの人の思考力が落ちていますから、他者との大きな差別化にもつながるはずです。

もう1つの基礎力である「実行力」を高めるための最初のステップは、自分で言ったことを守ることです。信用の「信」という文字は、「人の言葉」と書きます。言ったことを守らなければ信用は得られませんし、逆に言えば、言ったことを守っていれば実行力が上がります。

それは、どんなに小さなことでもかまいません。自分で言ったことは、必ず守るのです。

ですから、私は人に「食事に行こう」と言ったら、必ず実行します。時々、リップサービスでいろいろな人に「飲みに行こう」と言う人がいますが、それでは実行力は上がりませんし、信用を失います。

「実行力」を高める2番目のステップは、「これをやろう」と思ったことを必ず実行すること。思いついたことをやる習慣を身に付けなければ、やらない癖がついてしまうからです。

このように意識して行動する訓練を積み重ねていると、実行力が付いてきて、結果が出るようになってきます。結果が出ると、人生のステージが上がり、収入も増え、やれることが増えるという好循環に入っていくのです。

特に経営者は、この2つの能力を伸ばしていかなければ、これから厳しい時代が到来したときに淘汰されかねません。事業を継続させていくためにも、これらの能力を伸ばしていくことが大切です。

従業員への「徹底」を行うには――神奈川ナブコさんの例

私の会社の長年のお客さまに、「神奈川ナブコ」さんという会社があります。自動ドアの設置やメンテナンスの事業を行っています。

現場では、ショッピングセンターが閉店した後で作業をしたり、最終電車が出てから駅のホームドアを点検したりという大変な仕事も少なくありません。しかし、一部の若い社員からは「会社に行くのが楽しいから、毎日、朝が早く来てほしいと思う」という声が上がっています。

なかには「ディズニーランドに行くよりも、会社に行く方が楽しい」と言う社員もいますし、工具を家に持ち帰って手入れをしてから翌日出勤する人もいます。一度退職した人が戻ってくるケースもあります。離職率も非常に低く、ここ10～15年は数%という驚異的な水準です。

なぜ、神奈川ナブコさんで働く人たちは、これほどまでにモチベーションが高いのでしょうか。もちろん、仕事そのものにやりがいを感じているという理由もありますが、1つ秘訣があるのです。

それは、お客さまや働く仲間が喜ぶような「小さな行動の目標」を毎月立てることです。例えば、工事が終わった後で周りを5分間掃除する。電話を2コール以内で取る。少し早く出社してゴミ箱の片付けをするなどの小さな行動の目標です。

働く仲間が喜ぶような小さな行動の目標も毎月同様に立てています。

月末になると本人がその目標に対して5段階評価をし、上司も同じく5段階評価をします。その際には上司と簡単な面談を行い、来月の目標を設定します。最後に社長が社員180人全員のシートを確認し、コメントを書き込むのです。神奈川ナブコさんではこれを長年続けています。

社長もかなりの時間をかけていますが、この取り組みによって会社がとてもよくなりました。

社員全員がお客さまの喜ぶことや働く仲間が喜ぶことをやって、それに集中できているからこそ、モチベーションが高くなるのです。当然、お客さまの満足度も抜群に高いので収益力も抜群です。このように「小さな行動の徹底」によって、お客さまが喜び、働く仲間が喜び、会社の売上げや利益も伸びるという好循環が生まれているのです。

時々、「社員の意識改革を行う」と言い出す経営者がいます。しかし、実際に意識改革に成功した会社を見たことがありません。私はそんな経営者に「あなたは自分自身の意識を変えられたことはあるんですか」と尋ねるのですが、実際に意識を変えられた人などほとんどいません。

私の持論は、「行動改革」です。お客さまや働く仲間が喜ぶことをよりよく、より早く行えるよう「小さな行動」を積み重ねていくのです。

このような行動の繰り返しによって、その後、意識も変わるかもしれません。ただ、大切なのは意識よりも「行動」です。お客さまも働く仲間も、求めているのは意識ではなく行動やその結果だからです。たとえ意識の高い従業員がたくさんいたとしても、電話が10回鳴っても誰も取らなければ、お客さまは喜ばないのです。

行動を変えることで、意識は自然と高まります。だから、柔道や剣道、華道などの「道」のつくものは、すべて「形」から入ります。意識から入るのではないのです。剣道を習いに行くと、素振りを何千回、何万回と繰り返す。そのなかで、意識が変わっていく可能性があるのです。

ただし、行動改革と一言で言っても簡単にうまくいくわけではありません。基本的に人間は易きに流れますから、ある程度の「強制」が必要です。神奈川ナブコさんでも、小さな行動が定着するまでは3年はかかったと言います。その間は、抵抗勢力があってもやり続けるしかありません。

もうひとつ大切なのは、具体的な目標を設定することです。小さな行動は具体的な目標なのです。

「散歩のついでに富士山に登った人はいない」という言葉があります。具体的な目標を設定し、上司がチェックをし、再び目標を設定することが必要なのです。これを繰り返しているうちに、お客さまの満足度が高まり、社員は働く喜びを感じるようになり、業績も伸びていくというい い流れが生まれるのです。

どんな時代も原点は「お客さま第一」

ここまで、高金利時代の経営術についてさまざまな視点から説明してきました。最後に、経営の原点である「お客さま第一」について述べたいと思います。

「お客さま第一」を実現するにあたって、注意しなければならないことがあります。それは、次の3点を同時に満たすことです。

1　お客さまが喜ぶこと

2　働く仲間が喜ぶこと

3　お客さまに喜んでいただくこと、働く仲間が喜ぶことが働く人にとっての働きがいになっていること

「お客さま第一」でも従業員が疲弊している会社がありますが、多くの場合は経営者が、売上げや利益のためにそれを行っているからです。それでは「金儲け第一」です。本当の意味でのお客さま第一を行わなければなりません。そのほうが結果的に売り上げや利益も上がります。

それからもう1つ大切なのは、経営者は「一番厳しいお客さまの目」になって自社や自社の商品・サービスを見ることです。

ドラッカー氏は「企業の一義的な価値は企業外部にある」と述べています。外部指向、つまり「お客さま第一」となることです。経営者は一番厳しいお客さまの目になり、自社のQPSや社員の態度などを見ることが求められるのです。

経営者はどうしても自社の都合や金儲けについて考えてしまいやすいのですが、お客さまにとって内部のことなど一切関係ありません。内部指向になると、会社が良くなっていくことはあり得ないのです。

このように「お客さま第一」を真の意味で実践すれば、高金利時代に入り、競争が厳しくなったとしても、会社が傾くことはないはずです。というのは、本当の意味でお客さま第一になれば、自然と利益率が上がり、財務内容も改善されるからです。結果的に金利上昇をそれほど気にせずに、戦略を立てられるようになります。

経営者が最終的に目指すべきは、「お客さま第一」を実践し、それにより働く人の働きがいを高め、利益率を上げて、金利や資金繰りを気にしなくてもよい経営をすることです。「資金繰り第一」になると、お客さまのことが目に入らなくなり、お金ばかりを気にするようになり、会社の業績は悪化の一途をたどります。従業員も離れていく恐れがあります。

金利上昇時代だからこそ、経営者は「お客さま第一」を実践することが肝要なのです。どんな時代でも経営の原点は「お客さま第一」です。

〔著者略歴〕

小宮一慶（こみや・かずよし）

株式会社小宮コンサルタンツ代表。十数社の非常勤取締役や監査役、顧問も務める。1957 年、大阪府生まれ。81 年に京都大学法学部卒業後、東京銀行（現・三菱 UFJ 銀行）入行。在職中の 84 年から 2 年間、米ダートマス大学タック経営大学院に留学、MBA 取得。91 年、岡本アソシエイツ取締役に転じ、国際コンサルティングにあたる。その間の 93 年初夏には、カンボジア PKO に国際選挙監視員として参加。94 年からは、日本福祉サービス（現・セントケア・ホールディング）企画部長として在宅介護の問題に取り組む。96 年に小宮コンサルタンツを設立し、現在に至る。2014 年に名古屋大学経済学部客員教授に就任。著書は、『プロがやっている　これだけ！会計&会社分析』『コンサルタントが毎日見ている経済データ 30』（以上、日本経済新聞出版）、『「1 秒！」で財務諸表を読む方法』（東洋経済新報社）、『経営者の教科書』（ダイヤモンド社）、『だから、会社が倒産する』（PHP ビジネス新書）、『どんな時代もサバイバルする会社の「社長力」養成講座』（ディスカヴァー携書）、『あたりまえのことをバカになってちゃんとやる』（サンマーク出版）など多数。

「金利上昇」に勝てる経営

2025年 5 月 1 日　第 1 版発行

著　者　小宮一慶

発行人　唐津 隆

発行所　株式会社ビジネス社

〒162-0805　東京都新宿区矢来町114番地　神楽坂高橋ビル 5 階
電 話　03(5227)1602（代表）
FAX　03(5227)1603
https://www.business-sha.co.jp

印刷・製本　株式会社光邦
カバーデザイン　中村 聡
編集協力　森脇早絵
本文組版　有限会社 メディアネット
営業担当　山口健志
編集担当　中澤直樹

ISBN978-4-8284-2719-5